Almuth Vasterling / Gabriele Weiland / Johanna Barbara Sattler

Linke Hand – Rechte Hand: Ein Ratgeber zur Händigkeit

Für Eltern, Pädagogen und Therapeuten

RATGEBER

für Angehörige, Betroffene und Fachleute

Herausgeber

DEUTSCHER VERBAND DER
ERGOTHERAPEUTEN E.V.

Almuth Vasterling / Gabriele Weiland /
Johanna Barbara Sattler

Linke Hand – Rechte Hand: Ein Ratgeber zur Händigkeit

Für Eltern, Pädagogen und Therapeuten

Schulz-Kirchner Verlag

Bibliografische Information der Deutschen Nationalbibliothek
Die Deutsche Nationalbibliothek verzeichnet diese Publikation in der Deutschen Nationalbibliografie; detaillierte bibliografische Daten sind im Internet über http://dnb.d-nb.de abrufbar.

2., aktualisierte Auflage 2017
1. Auflage 2011
ISBN Print: 978-3-8248-0875-5
ISBN E-Book: 978-3-8248-0902-8

Mollweg 2, D-65510 Idstein
Vertretungsberechtigte Geschäftsführer:
Dr. Ullrich Schulz-Kirchner, Nicole Haberkamm
Titelabbildung: © eyezoom1001 – Fotolia.com
Fotos/Illustrationen im Innenteil:
Dr. Johanna Barbara Sattler, Almuth Vasterling, Auer Verlag
Lektorat: Doris Zimmermann
Fachlektorat: Reinhild Ferber
Umschlagentwurf und Layout: Petra Jeck
Druck und Bindung:
tz Verlag & Print GmbH, Bruchwiesenweg 19, 64380 Roßdorf
Printed in Germany

Inhaltsverzeichnis

Vorwort zur Reihe **7**
Einführung **8**

Was ist Händigkeit überhaupt, was bedeutet sie für einen Menschen? **9**
Definition von Händigkeit I 9
Kulturgeschichtlicher Hintergrund 10
Modellverhalten und Händigkeitsentwicklung 12
Wird Händigkeit vererbt? 13
Entwicklungsschritte der Händigkeitsmanifestation bei Kindern 14
Woran erkennt man Händigkeit? 16
Grundsätzliches zur Händigkeitstestung 17
Zur Bestimmung der Händigkeit 18
Relevante Wirkfaktoren zur Händigkeitsbestimmung 19

Händigkeit ist Hirnigkeit – Definition von Händigkeit II **20**
Definition von Händigkeit II – Neurophysiologische Hinweise 20
Lateralität – Händigkeit, Füßigkeit, Äugigkeit, Ohrigkeit 21
„Gekreuzte Lateralität" als Ausdruck für Lernstörungen? 22
Lateralisation 23
Plastizität des Gehirns und Händigkeit 24
Fragestellung der Studie über Langzeitfolgen der umgeschulten Händigkeit mit bildgebenden Methoden (PET) 24
Ergebnisse 25

Beeinträchtigte Händigkeit **26**
Einführung 26
Zur „Beidhändigkeit" und zum wechselnden, instabilen Handgebrauch 26
Therapeutische Interventionsmöglichkeiten bei wechselndem und instabilem Handgebrauch 29
Folgen der Umschulung der Händigkeit 31
Chancen und Gefahren einer Rückschulung der Händigkeit bei Erwachsenen 36

Umgang mit der Händigkeit **39**
Was Hänschen falsch lernt … Zur Bewegungsplanung und automatisierten Motorik 39
Gebrauchsgegenstände und ihre Benutzung für linkshändige Kinder zu Hause, im Kindergarten, in der Schule und im Haushalt 40

Hinweise zum Schneiden 41
Hinweise zum Spitzen mit links 43
Hinweise zum Mal- und Schreibmaterial für Linkshänder 44
Hinweise zu Gebrauchsgegenständen im Haushalt für Linkshänder 47
Arbeitsplatzhinweise und weitere Hilfestellungen beim Hantieren mit links in Kindergarten, Schule und im Haushalt 49
Der Arbeitsplatz 49
Hilfestellungen beim Hantieren mit der linken Hand 50
Hilfestellungen beim Handarbeiten und Basteln mit der linken Hand 51
Hilfestellung beim Essen und Trinken 52
Spielzeug und Bilderbücher 53
Eine lockere Mal- und Schreibhaltung für Linkshänder – Hinweise zum Malen und Schreiben 54
Musizieren mit links 60
Linkshändigkeit im Sport 62
Linkshändigkeit im Beruf und Fragen der Arbeitsplatzgestaltung 64

Ausblick / Perspektive **65**

Anhang **66**
Hilfreiche Adressen und Links 66
Literaturhinweise/Quellen 66

Vorwort zur Reihe

Die „Ratgeber für Angehörige, Betroffene und Fachleute" vermitteln kurz und prägnant grundlegende Kenntnisse (auf wissenschaftlicher Basis) und geben Hilfestellung zu ausgewählten Themen aus den Bereichen Ergotherapie, Sprachtherapie und Medizin. Die Autorinnen und Autoren dieser Reihe sind ausgewiesene Fachleute, die seit vielen Jahren als Therapeuten in der Behandlung und Beratung und/oder als Dozenten in der Aus- und Weiterbildung tätig sind. Sie sind jeweils für den Inhalt selbst verantwortlich und stehen Ihnen für Rückfragen gerne zur Verfügung.

Im vorliegenden Band „Linke Hand – Rechte Hand: Ein Ratgeber zur Händigkeit" haben die Autorinnen Dr. Johanna Barbara Sattler, Psychotherapeutin, sowie Almuth Vasterling und Gabriele Weiland, beides Ergotherapeutinnen, ihre umfassende Erfahrung in der Auseinandersetzung mit Menschen, die Schwierigkeiten in der Orientierung mit ihrer Händigkeit haben, zusammengefasst. Hierzu gehört gerade im Verlauf der Händigkeitsentwicklung auch der Blick auf Eltern sowie andere Bezugspersonen.
In gut nachvollziehbarer Form wird zunächst eine Einführung in die Thematik der Händigkeit sowohl aus kulturgeschichtlicher als auch neurophysiologischer Sicht gegeben. Hierbei werden auch die möglichen Folgen einer falschen Festlegung der Händigkeit aufgezeigt sowie Möglichkeiten einer späteren Rückschulung diskutiert.
Den Schwerpunkt des Ratgebers bilden dann konkrete Tipps und Hilfestellungen für den Alltag, um Kindern eine gute und freie Entwicklung der eigenen Händigkeit zu ermöglichen. Dabei legen die Autorinnen besonderen Wert auf die genaue Beschreibung von links- und rechtshändigen Vorgehensweisen, um sie auch dem Laien verständlich zu machen, was ihnen gut gelungen ist.
Die leicht verständliche Sprache des Ratgebers trägt dazu bei, dass die Hintergründe des komplexen Themas Händigkeit gut nachvollzogen werden können. Gerade die Hilfen für den Alltag erleichtern eine direkte Umsetzung der Anregungen. Abgerundet wird der Ratgeber durch diverse Internetadressen und auch vertiefende Literatur zu besonderen Aspekten der Händigkeit.
Wir hoffen, mit diesem Ratgeber dazu beizutragen, dass Kinder sich in ihrer Händigkeit frei entwickeln können und auch Menschen, die Probleme in diesem Bereich haben, mögliche Lösungswege für sich finden.

Arnd Longrée
Herausgeber für den DVE

Einführung

Liebe Leserin, lieber Leser,

Sie haben jetzt diesen Ratgeber in der Hand und interessieren sich für das Thema der Händigkeit.

Wir haben uns gefragt, was mag Sie veranlasst haben, sich mit diesem Thema auseinanderzusetzen, welche Fragen interessieren Sie besonders? Die Gründe werden sehr unterschiedlich sein und deshalb haben wir uns bemüht, möglichst viele wichtige Themenbereiche in einer komprimierten Form anzusprechen. Wir haben uns auch bemüht, aktuelle wissenschaftliche Erkenntnisse in diesen Ratgeber mit aufzunehmen.

Es ist unser Anliegen, diese Inhalte in einer verständlichen Sprache auch für nicht medizinisch und nicht therapeutisch ausgebildete Leserinnen und Leser zugänglich zu machen. Es ist uns bewusst, dass manche Inhalte sehr fachspezifisch wirken können. Trotz allem hoffen wir, dass wir Ihre Fragestellungen hinreichend beantworten können und dass wir Sie mit unserem Interesse an den Menschen und ihrer Händigkeit und der weitreichenden gesellschaftlichen Bedeutung des Themas anstecken können.

Almuth Vasterling
Gabriele Weiland
Johanna Barbara Sattler

Was ist Händigkeit überhaupt, was bedeutet sie für einen Menschen?

Definition von Händigkeit I

Als Händigkeit bezeichnet man die Überlegenheit der linken oder rechten Hand. Sie äußert sich in einer größeren Geschicklichkeit, längeren Ausdauer und dem präferierten Handgebrauch. So werden feine Tätigkeiten, wie z.B. das Zeichnen und Schreiben, Schneiden mit dem Messer und das kleinteilige Bauen, vornehmlich mit der bevorzugten oder auch als dominant bezeichneten Hand ausgeführt.

Tätigkeiten, die eher großmotorisch, aus der Schulter gesteuert durchgeführt werden, werden heutzutage inzwischen nicht mehr als sehr aussagekräftig für eine Händigkeitsbestimmung angesehen. Dazu gehören z.B. das Werfen und das Tennisspielen. Auch Tätigkeiten, die Kraft erfordern, sind nicht so stark von der dominanten Hand abhängig; das betrifft z.B. den Handdruck, gemessen mit einem Dynamometer.

Die Hände repräsentieren unser Gehirn, wie man Kant nachsagt, es formuliert zu haben[1], und die dominante Hand hat den direkteren Zugang zu dem, was wir mit Begriffen wie Seele und Geist definieren. Auch für das sensitive Fühlen, das Erspüren z.B. einer Oberflächenstruktur, das Berühren eines anderen Menschen, benutzen wir bevorzugt die dominante Hand. Linkshändige Kinder benutzen auch zum Begrüßen weit lieber ihre linke Hand. Letzteres ist ein gutes Beispiel dafür, dass es nicht nur die feinmotorisch anspruchsvollen Tätigkeiten sind, die aussagekräftig für die dominante Hand sind[2].

Allerdings können Beeinträchtigungen in der Feinmotorik, in der Koordination und letztendlich auch in der Sensomotorik Einfluss auf den bevorzugten Handgebrauch haben und die eigentliche Händigkeit irritieren.

Andere störende Einflüsse bei der freien Entfaltung der Händigkeit sind Erziehung und Umweltgegebenheiten, wie die Schulung auf die rechte Hand zum Schreiben und technische Vorgaben, wie ergonomisch geformte Computermäuse, die der dominanten Hand nicht entsprechen.

---

1 Eine genaue Quelle ließ sich auch durch direkte Nachfrage bei der Kantgesellschaft nicht finden.

2 Es gibt Versuche, Händigkeit nach Leistung und nach Präferenz zu definieren. Darauf wird später kurz eingegangen.

Kulturgeschichtlicher Hintergrund

In den Geschichtsquellen gibt es wenige Aussagen zur Händigkeit. Meist wird Rechtshändigkeit als Normalität vorausgesetzt und es werden Vorbehalte gegenüber der Linkshändigkeit formuliert. Diese sind eng mit der Bedeutung der linken und rechten Seite in der jeweiligen Kultur verbunden.

Bei den meisten Völkern finden wir eine Bevorzugung der rechten Seite. So kam schon bei den Griechen, zur Zeit von Platon und Aristoteles, der linken Seite eine Unheil bringende Bedeutung zu; die rechte hingegen war die Glück bringende. Das ging so weit, dass die Griechen damals kein Wort für links kannten, sondern die linke Seite beschönigend als die Beste bezeichneten, wohl um die Götter nicht zu reizen. Die Römer, bei denen die Bedeutung zunächst umgekehrt war und die linke Seite Glück verhieß, haben sich später den Griechen angeglichen. Auch die christliche Liturgie, die vom Alten Testament her keine solchen drastischen Vorbehalte kannte, passte sich an. Im Christentum war es der von der griechischen Weltanschauung beeinflusste sogenannte Manichäismus, der die christlichen Bevorzugungen für rechts prägte. Diese bewertende, dualistische Religion setzte ihren Einfluss auf das Christentum und den Islam unterschwellig durch. In dem geosteten christlichen Kirchengebäude wurden daher der linken Seite, dem Norden, das gegenwärtige, aktive Leben, das Böse und der Teufel zugewiesen. Auch die Frauen, als die „Irdischen" bezeichnet, mussten auf der linken Nordseite Platz nehmen. Hingegen saßen die Männer, die „Geisterfüllten", im Süden auf der rechten Seite mit Blick nach Jerusalem. Diese Seite wurde mit dem ewigen Leben, dem Heiligen Geist gleichgesetzt.

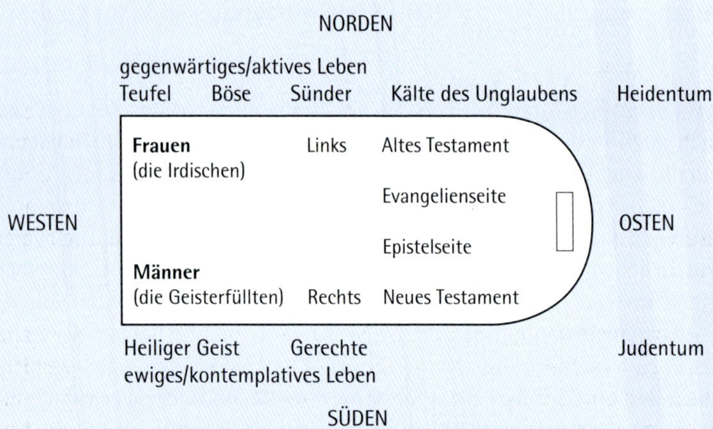

Schema eines geosteten Kirchengebäudes (© Sattler, 1996)

Diese Aufteilung ist für viele europäische Gegenden historisch verbürgt und ist auch noch im 20. und zu Beginn des 21. Jahrhunderts in manchen deutschen Kirchen zu finden. Diese Seitenaufteilung setzte sich auch in der christlichen Kunst, z.B. bei der Platzzuweisung von guten oder schlechten Personen und für Paradies und Hölle in Kreuzigungs- und Weltgerichtsdarstellungen durch. Die zugrunde liegende, oft negative und abwertende Bedeutung der linken Seite wirkte sich auch auf den Aberglauben und den Sprachgebrauch aus und diese wieder auf die Linkshändigkeit generell. So wird der Teufel manchmal linkshändig dargestellt. Linkshändige Kinder wurden und werden sogar heute noch manchmal als Teufelskinder bezeichnet oder – je nach Region in Deutschland – als Linksdotsch oder Linkspot.

Es gibt in den Geschichtsquellen sehr wenige direkte Nachweise zur Linkshändigkeit. Ein besonders berühmter Linkshänder war Leonardo da Vinci, von dem Zeitgenossen berichten, dass er mit der Linken malte und zeichnete. Doch auch Leonardo übertrug seine eigene Linkshändigkeit nur vereinzelt auf seine Figuren. Generell kommen in der abendländischen Kunst sehr selten Abbildungen von links durchgeführten Tätigkeiten vor. So sind Gemälde und Zeichnungen kaum Quellen für die tatsächliche Händigkeit in der Bevölkerung. Erst Fotoaufnahmen, die z.B. Vertragsunterzeichnungen oder Ähnliches festhielten, gaben objektivere Rechenschaft über den tatsächlichen Handgebrauch der dargestellten Personen.

Gegenstände, die auch für die linke Hand gefertigt wurden, lassen sich im ersten Jahrtausend nach Christus bisher sehr selten nachweisen. Zeugnis für diese wenigen Gegenstände für Linkshänder geben Linkshändergewehre, die den Abzug auf der linken Seite hatten, oder Flöteninstrumente und Schalmeien im 15. und 16. Jahrhundert, die mit zwei Löchern sowohl für den linken als auch für den rechten kleinen Finger gefertigt wurden.

Trotz allem kann man davon ausgehen, dass Linkshänder oft ihre andere Händigkeit in ihrem privaten Bereich und in der noch nicht durch die Industrialisierung genormten Berufswelt praktiziert haben. Sehr tief hat sich die Abwertung der linken Hand in Gegenden und Kulturen durchgesetzt, in denen die linke Hand als die unreine Hand gilt und für die Körperreinigung auf der Toilette benutzt wird. In Bevölkerungen, die mit den Händen gemeinsam aus einer Schüssel essen, hat das auch erhebliche hygienische Hintergründe.

Erst die Industrialisierung mit genormten Maschinen, das Exerzieren bei Paraden, bei denen das Gesamtbild nicht durch einen anderen Handgebrauch gestört werden durfte, und die allgemeine Schulpflicht verursachten, dass Linkshändigkeit wahrgenommen wurde. So passten und passen sich viele Betroffene durch Umschulung an die Norm an.

Viele drastische Schilderungen bezeugen, dass die Umschulung zum Schreiben mit der rechten Hand bis in die 80er-, 90er-Jahre des 20. Jahrhunderts eine übliche pädagogische Maßnahme in Deutschland war. Schläge auf die Hand, das Festbinden auf dem Rücken oder sogar das Eingipsen der Hand waren die brutalsten Maßnahmen. Subtiler waren Überredung, Versprechungen von Belohnung und die Äußerung des bloßen Wunsches, die sensible Kinder veranlassten, den Eltern zuliebe aus eigener Entscheidung umzuschulen.

Anfang des 20. Jahrhunderts versuchte eine in London gegründete „Gesellschaft für die Erziehung zur Ambidextrie" Beidhändigkeit als etwas Erstrebenswertes darzustellen. Jedoch wurden Schulversuche mit beidhändigem Schreiben und Schreiben mit der nicht dominanten Hand für rechtshändige Kinder in den 20er-Jahren des 20. Jahrhunderts wieder aufgegeben, als die Kinder unter verstärkten Schulproblemen litten (Sovak, 1968). Während des Nationalsozialismus wurde jegliche begonnene Liberalisierung im Umgang mit der Linkshändigkeit unterdrückt. Erst Jahre später kam es wieder zu einem langsamen Tolerieren der linken Hand; das war einerseits ein Nebeneffekt der antiautoritären Erziehung und andererseits ein langsamer Paradigmenwechsel in der Händigkeitserziehung. Als Reaktion auf ein Forschungsprojekt über die Folgen der Umschulung der Händigkeit entstand Anfang bis Mitte der 80er-Jahre ein öffentliches Interesse. Dieses führte dann zu der Entstehung der ersten deutschen „Beratungs- und Informationsstelle für Linkshänder und umgeschulte Linkshänder" in München, zunächst gedacht als ein Projekt der Selbsthilfe von Betroffenen und als Möglichkeit, theoretisches Wissen in den betroffenen Bevölkerungsschichten umzusetzen.

In den nordeuropäischen Ländern und in den USA verlief die Liberalisierung beim Handgebrauch früher und kontinuierlicher. Ein Meilenstein ist die „Bittschrift der linken Hand" (Sattler, 1995) des großen amerikanischen Staatsmanns Benjamin Franklin (1706-1790). Die Tatsache, dass, außer G.W. Bush dem Jüngeren, die letzten vier Präsidenten der Vereinigten Staaten von Amerika umgeschulte oder nicht umgeschulte Linkshänder waren und mit Barack Obama wieder ein Linkshänder an der Macht ist, spricht für die Normalität der Linkshändigkeit in der amerikanischen Bevölkerung.

Modellverhalten und Händigkeitsentwicklung

Das Modell- bzw. Nachahmungsverhalten ist ein grundlegender Faktor bei der Integration und Sozialisation von Menschen und Tieren. Das Modellverhalten ist sicher einer der stärksten Impulse in der frühkindlichen Entwicklung und ist eng verwandt mit dem Bindungsverhalten an Bezugspersonen. So werden Kinder, die keine Modelle und Bezugspersonen haben, die sie nachahmen können bzw. zu denen sie eine Bindung entwickeln können, psychisch auffällig. In drastischen Fällen können Wachstumsstörungen und eine Intelligenzminderung auftreten. Im schlimmsten Fall können diese Kinder sogar offensichtlich seelisch „verhungern", wie es bei den Erziehungsversuchen von Friedrich II. (im 13. Jh.), der durch den Verzicht auf Sprachvorbilder die „Ursprache" erforschen wollte, geschehen sein soll.

Für die Händigkeitsentwicklung bedeutet das, dass trotz genetischer Grundlagen der Händigkeitsvererbung besonders aufmerksame Kinder, die sich sehr anpassen, genau beobachten und eine enge Bindung zu einer Bezugsperson haben, sich oft auch bei ihrer Händigkeitsmanifestation an der Händigkeit dieser Bezugsperson orientieren und sie intuitiv nachahmen. Die sogenannten Spiegelneuronen (nicht zu verwechseln mit Spiegelschrift!) spielen hier eine Rolle im Gehirn. So besteht Gefahr, dass sich solche Kinder an der für sie falschen Händigkeit orientieren und diese bereits sehr früh nachahmen.

Zu der genauen Beobachtungsfähigkeit gehört auch eine gute intellektuelle Voraussetzung. Es fällt auf, dass unter hochbegabten Kindern immer wieder solche sind, die sich sehr früh vermeintlich für eine Hand „entschieden" haben und in der Schule nicht ihren eigentlichen Fähigkeiten entsprechend erfolgreich sind. Trotz allem darf auch das Modellverhalten nicht überschätzt werden, denn es gibt viele Kinder, die von frühester Kindheit an eindeutig die linke oder die rechte Hand bevorzugen und keine Phase des Wechselns im dominanten Handgebrauch zeigen.

Wird Händigkeit vererbt?

Nach heutigen Erkenntnissen spielen vererbte Anlagen eine große Rolle bei der Entstehung der Händigkeit. Jedoch auch Einflüsse der Umwelt, der Erziehung und Normvorstellungen prägen den tatsächlichen messbaren Anteil der Links- und Rechtshänder in einer Gesellschaft. Wie groß der Anteil der vererbten Eigenschaften ist und wie viel angeboren, also seit der Geburt vorhanden ist, ist noch nicht endgültig geklärt.

Sehr bekannt ist die „right-shift-theory" der englischen Psychologin Marian Annett. Sie stellt fest, dass bei vielen Lebewesen bis hin zu Affen die Seitendominanz gleichmäßig verteilt sei (prozentual 25 links, 50 gemischt und 25 rechts). Beim Menschen hingegen sei der Anteil der Rechtshänder weit höher als der der Linkshänder (4% seien konsistente Linkshänder, 32% gemischt und 66% konsistente Rechtshänder). Sie sieht diese Aufteilung im Zusammenhang mit spezifischen Eigenschaften des menschlichen Gehirns und der Anlage des Sprachzentrums und meint, dass sich beim Menschen ein besonderer genetischer Faktor (right-shift-factory - RS) herausgebildet habe, der die linke Gehirnhälfte (die beim Rechtshänder motorisch dominant ist) zu außergewöhnlichen Leistungen befähige. Ist bei jemandem dieser Faktor nicht vorhanden, würden die

Sprachlateralisation im Gehirn und auch die Händigkeit vom Zufall abhängen. Menschen, die diesen right-shift-Faktor nicht haben, seien dann nicht zwingend linkshändig, sondern viele setzten z.B. aufgrund von kulturellem Druck ihre rechte Hand mehr ein (Annett, 2002). Annett sieht bei Menschen, denen dieser RS-Faktor fehle, eine größere Disposition zu Störungen im sprachlichen Bereich.

Populär waren auch andere Störungstheorien, die Linkshänder als Ergebnis einer Verletzung der linken Gehirnhälfte betrachteten und nachzuweisen versuchten, dass Linkshänder um neun Jahre früher sterben würden. Dass es sich dabei wohl um statistische Verzerrungen bei der Datenerhebung gehandelt hat, wird heute allgemein akzeptiert.

Auch der englische Wissenschaftler Chris McManus (2002) vertritt ein genetisches Modell. Er spricht von einem C-Gen, das Zufalls-Gen, und einem zweiten D-Gen für „dextral" (rechts). Wenn ein Mensch zwei D-Gene habe, dann sei er immer rechtshändig; ein Mensch hingegen mit dem CC-Genotyp kann nach diesem Modell zu 50% linkshändig sein. Hat er den DC-Genotyp, so liegt die Wahrscheinlichkeit bei 25% linkshändig zu sein. Bei eineiigen Zwillingen mit dem Genotyp CC könnte jeder zu 50% linkshändig sein. Vielleicht ist es ein Zufallsprinzip, vielleicht ist es aber auch so, dass eineiige Zwillinge eine Spiegelung bestimmter körperlicher Eigenschaften sind, die die beiden Seiten betreffen. Es fällt auf, dass bei einigen Zwillingen nicht nur sehr häufig einer links- und einer rechtshändig ist, sondern dass auch andere körperliche Eigenschaften wie Muttermale oder Gebisseigenarten in einer gewissen Spiegelung auftreten. Obgleich sie sich äußerst ähnlich sind, sind auch die Fingerabdrücke nicht identisch, sondern eher eine Spiegelung.

Festzustellen ist, dass der Anteil der links schreibenden Kinder in deutschsprachigen Grundschulen stetig wächst. Während früher je nach Erhebungsmethode der Anteil sehr niedrig war, liegt er inzwischen bei 15-25%. Es steigt dabei die eindeutige Manifestation der Linkshändigkeit, nicht der tatsächliche Anteil, der früher verborgen war. Viele umgeschulte Linkshänder haben sich damals nicht als Linkshänder bezeichnet, obwohl sie nachweislich umgeschult wurden, und sind deshalb, z.B. bei Erhebungen durch Selbsteinschätzung, oft nicht als Linkshänder in die Statistiken eingegangen.

Entwicklungsschritte der Händigkeitsmanifestation bei Kindern

Die folgende tabellarische Übersicht stellt Schritte/Entwicklungen der Händigkeitsmanifestation bei Kindern dar, auf die in den folgenden Kapiteln genauer eingegangen wird.

Diagnostische Fragen zur Bestimmung der Händigkeit beim Kinderarzt*

Alter des Kindes	Händigkeits-manifestation des Kindes	Tätigkeiten	Einwirkung von außen, Aktionen und Eigenheiten des Kindes	Diagnostische Möglichkeiten	Beratungshinweise
Bis 10 Monate	In Einzelfällen eindeutige Bevorzugung der linken oder rechten Hand	greifen	Manchmal können z.B. hemiparetische Störungen die Handmanifestation beeinflussen	Beobachtung der Eltern und des Kinderarztes	
10 - 24 Monate	1. Bei einem großen Anteil der Kinder eindeutige Bevorzugung der linken oder rechten Hand 2. Wechselnder, noch nicht festgelegter Handgebrauch bei den anderen Kindern	greifen essen spielen erste Versuche, einen Stift zu halten	Zunehmende Reaktionen der Umwelt auf die Linkshändigkeit. Manchmal werden linkshändig veranlagte Kinder nach rechts umgeschult. Das Kind selbst reagiert durch Nachahmungs- und Modellverhalten auf die Umwelt. Probleme, Mittellinie nicht überkreuzen zu können und evtl. Asymmetrie durch noch vorhandene frühkindliche Reaktionen wie ATNR u.ä.	Beobachtung der Eltern und des Kinderarztes: Spielzeug, Löffel, Stift, Wachsmalkreide (Gegenstände mittig anbieten)	Zu 1. Bei vornehmlich linkshändigem Hantieren: - Warnung vor Umschulung der Händigkeit (möglichst wenig das Thema vor dem Kind problematisieren) - Hinweis, dass Linkshändigkeit normal ist und man Händigkeit so natürlich wie z.B. das Geschlecht behandeln soll - Hinweis, dass es Scheren u.a. Gebrauchsgegenstände für Linkshänder gibt - Schräglage des Blattes beim Malen vorsichtig einführen Zu 2. Bei wechselndem Handgebrauch: Kind im Handgebrauch nicht beeinflussen
Bis 4 Jahre	1. Der bevorzugte Handgebrauch hat sich bei vielen Kindern auf links oder rechts stabilisiert 2. Manche Kinder wechseln nach wie vor den bevorzugten Handgebrauch	wie oben sowie komplizierteres Hantieren, Benutzen von Werkzeugen, Stiften, anspruchsvollere feinmotorische Tätigkeiten	- Automatisierung von Tätigkeiten manchmal auch auf der nicht dominanten Hand durch Erziehung, Modell- und Nachahmungsverhalten, fehlende Gebrauchsgegenstände wie z.B. Schere. - Kinder, die sich bewusst auf eine Hand festlegen, weil sie so sein wollen „wie die anderen". - Teilleistungs- bzw. Entwicklungsstörungen, die eine Entwicklung der Händigkeit beeinflussen können.	Beobachtung der Familie, Erzieher und des Kinderarztes: 1. Bei Eindeutigkeit ist normalerweise keine Testuntersuchung notwendig 2. Feststellung der uneindeutigen Händigkeitsmanifestation. Händigkeitsuntersuchungen bei Fachleuten, die speziell in der Händigkeitsdiagnostik ausgebildet sind und darin Erfahrungen haben. Zur Beobachtung möglichst einhändig durchgeführte, möglichst unbeeinflusst von Erziehung, Tätigkeiten, keine asymmetrischen Gebrauchsgegenstände	1. Hinweis: rechtzeitig auf lockere Haltung bei schreibvorbereitenden Übungen achten 2. Untersuchung beim Fachmann mit speziellen Erfahrungen in Händigkeits- und Entwicklungsdiagnostik

* Analog der Tabelle „Diagnostische Fragen zur Bestimmung der Händigkeit beim Kinderarzt". Aus: J.B. Sattler: 2001, Schlusswort. In: Kinder- und Jugendarzt. S. 431

Woran erkennt man Händigkeit?

Es gibt keine Tätigkeit, an der allein die Händigkeit eines Menschen bestimmt werden kann, und es gibt auch keinen Schnelltest, der in Zweifelsfällen die Händigkeit sicher belegt. Beobachtungen zur Händigkeit können bei Kindern normalerweise schon sehr früh an spontanen, von der Erziehung nicht beeinflussten Tätigkeiten gemacht werden, wie z.B. beim Greifen von Bauklötzen, der Rassel und von anderem Spielzeug, beim Aufheben von Krümeln und bei Benutzung des Löffels oder bei ersten Versuchen mit einem Stift zu malen.

Unterschieden wird die dominante Hand, die als Führungshand dient, von der nicht dominanten Hand, die als Halte- oder Hilfshand eingesetzt wird. Wichtig ist auch, wo

Linkshändige und rechtshändige Kleinkinder beim Teekochen, Spielen und Trinken

die benutzten Gegenstände liegen. Es sollten bei der Händigkeitsbeobachtung vornehmlich die mittig angebotenen Dinge Berücksichtigung finden.

Eltern nehmen oft frühzeitig eine klare Tendenz wahr und es ist sinnvoll, diese Beobachtung auch zu berücksichtigen. Gerade für Eltern linkshändiger Kinder ist es von großer Wichtigkeit, diese Impulse auch zuzulassen. Für manches Kind würde sich dann eine spätere Händigkeitstestung erübrigen.

Grundsätzliches zur Händigkeitstestung

Der Begriff „Händigkeitsdiagnose" ist umgangssprachlich zu verstehen. Eine Diagnose ist an sich ein medizinischer Begriff und Händigkeit ist weder eine Krankheit noch eine Störung. Es gibt unterschiedliche Herangehensweisen an eine Händigkeitsbestimmung. Die Ansätze unterscheiden sich durch verschiedene Methoden, mit denen Händigkeit bestimmt, getestet und das Testergebnis dann ausgewertet und interpretiert wird. Eine ausführliche Beobachtung und Analyse verschiedener Tätigkeiten wird mit anamnestischen Erhebungen der biografischen Entwicklung des Kindes in Bezug auf die Händigkeit abgeglichen. Es gibt Ansätze, die die beobachteten Tätigkeiten unter quantitativen Gesichtspunkten auszählen und mittels einer Formel einen Händigkeitsquotienten ermitteln.

Eine weitere Methode zur Händigkeitstestung, die von vielen Praktikern oft fast ausschließlich verwendet wurde, sind Zeichen- und Punktiertests. Diese messen jedoch genau die Tätigkeit, die durch Umschulung zum Schreiben und z.T. auch zum Malen auf die rechte Hand bis in die 90er-Jahre des letzten Jahrhunderts noch mehr oder weniger drastisch im Kindergartenalter oder zu Beginn der Grundschule manipuliert worden war. Die in den Tests verwendeten Begriffe der Leistungs- und Präferenzdominanz sind äußerst verfänglich, da sowohl die Leistung als auch die Präferenz für entscheidende Tätigkeiten stark gelenkt wurden. Die Leistung wurde durch Üben mit der nicht dominanten Hand beeinflusst. Die Präferenz wurde durch Sätze wie „benutz die richtige Hand", „gib die schöne Hand" manipuliert. Gemeint war jedes Mal natürlich die rechte Hand. Wenn auch heute nicht mehr derartig stark in die Händigkeitsentwicklung eingegriffen wird, so sind doch Nachahmungsverhalten oder Schwierigkeiten in der feinmotorischen Entwicklung häufig Grund für Beeinträchtigungen in der Händigkeitsentwicklung von Kindern.

Um nicht zu falschen Ergebnissen zu kommen, wodurch das getestete Kind oder der Erwachsene sehr benachteiligt und falsch beurteilt werden könnte, muss ein Ansatz zur Händigkeitsbestimmung die Händigkeitsfrage möglichst umfassend und aus verschiedenen Blickwinkeln untersuchen.

Zur Bestimmung der Händigkeit

Wissenschaftler und Praktiker haben versucht, Tätigkeiten herauszufinden, die zur Händigkeitstestung besonders geeignet sind. Eine große Studie zur Einteilung der Händigkeitsgruppen in den 60er-Jahren (Edinburgher Händigkeitsinventar nach Oldfield) bezeichnete folgende zehn Tätigkeiten als besonders aussagekräftig für den Handgebrauch: schreiben, malen, zeichnen, schneiden, Zähne putzen, Messer ohne Gabel benutzen, Löffel benutzen, kehren (obere Hand am Besen), Streichholz anzünden, Deckel einer Büchse ohne Drehverschluss öffnen.

Ein deutschsprachiger standardisierter und normierter Test ist der Hand-Dominanz-Test von Steingrüber und Lienert (H-D-T), der die Leistung beim Nachspuren und Punktieren mit dem Bleistift misst. In den Anweisungen wird auf Genauigkeit und Geschwindigkeit Wert gelegt, bei der Auswertung werden Ungenauigkeiten allerdings nicht als Fehler abgezogen. Von Vorteil dabei ist, dass feinmotorische Störungen nicht automatisch bei der Händigkeitsbewertung berücksichtigt werden. Bei einem anderen im deutschsprachigen Raum benutzten normierten Punktiertest, dem „Hampelmann" (PTK) von Schilling, werden sehr hohe Anforderungen an die fein- und visumotorische Fertigkeiten (Zusammenspiel von Hand und Auge) sowie an die Konzentration gestellt, indem eine große Anzahl sehr kleiner Kreise genau punktiert werden müssen. Die Auswertung führt bei manchen Kindern zu Ergebnissen, die Zweifel aufkommen lassen, ob hier tatsächlich „nur" Händigkeit getestet wird und inwieweit Entwicklungsauffälligkeiten eine verändernde Rolle spielen. Beide Tests sind in den 60er-Jahren entstanden. Der H-D-T wurde überarbeitet und 2011 neu normiert herausgegeben; der PTK wurde 2009 in der alten Normierung veröffentlicht. Tappingtests (Klopfaufgaben) messen die motorische Geschwindigkeit beim Klopfen, wobei davon ausgegangen wird, dass die schnellere Hand die dominante sei. 2011 wurde der HAPT 4-6 von Johanna Bruckner, Pia Deimann und Ursula Kastner-Koller veröffentlicht. Es wird dabei lediglich erfasst, wie ausgeprägt die Vorliebe eines Kindes für die rechte oder linke Hand ist und wie konstant es diese Seite einsetzt; deshalb werden die Aufgaben in drei Durchgängen durchgeführt. Die Instruktion wird standardisiert per CD vorgegeben. Die Testdurchführung erfolgt im Stehen oder in Bewegung.
Weitere Testverfahren zur Händigkeitsbefundung sind in Entwicklung, stehen allerdings noch nicht zur Verfügung, um sie in der Öffentlichkeit zu diskutieren. Dazu gehören auch der ganzheitliche S-MH-Ansatz nach der Methodik von Sattler, der quantitative Händigkeitstest von Steding-Albrecht (HPT) und das vorwiegend quantitative Händigkeitsprofil von Kraus.

Unter dem S-MH-Konzept zur Händigkeitsuntersuchung ist der holistische Ansatz von Sattler zu verstehen. Dieser ist qualitativ orientiert und wurde von ihr seit Mitte der 80er-Jahre des 20. Jahrhunderts im Rahmen ihrer intensiven Arbeit in der *Ersten deutschen Beratungs- und Informationsstelle für Linkshänder und umgeschulte Linkshänder* in München entwickelt. Der S-MH-Ansatz war und ist eng mit verschiedenen Forschungsprojekten verbunden, wobei diesen Studien eine sehr große Anzahl an Testuntersuchungen bzw. Händigkeitsabklärungen zugrunde liegt. Die Probanden kamen nicht aus dem therapeutischen Bereich, in dem sie aufgrund von Entwicklungsverzögerungen oder -störungen behandelt wurden. Mit diesem Ansatz arbeiten inzwischen Fachleute aus den verschiedensten Gebieten. Sie haben eine spezielle Zusatzausbildung durchlaufen, bilden sich regelmäßig weiter und sind in dem Netzwerk der Linkshänder-Beraterinnen und Linkshänder-Berater zusammengeschlossen (www.lefthander-consulting.org/linkshaender-berater).

Relevante Wirkfaktoren zur Händigkeitsbestimmung

Zusammenfassend sind die in der folgenden Übersicht verzeichneten Bereiche bei einer Händigkeitsabklärung zu berücksichtigen.

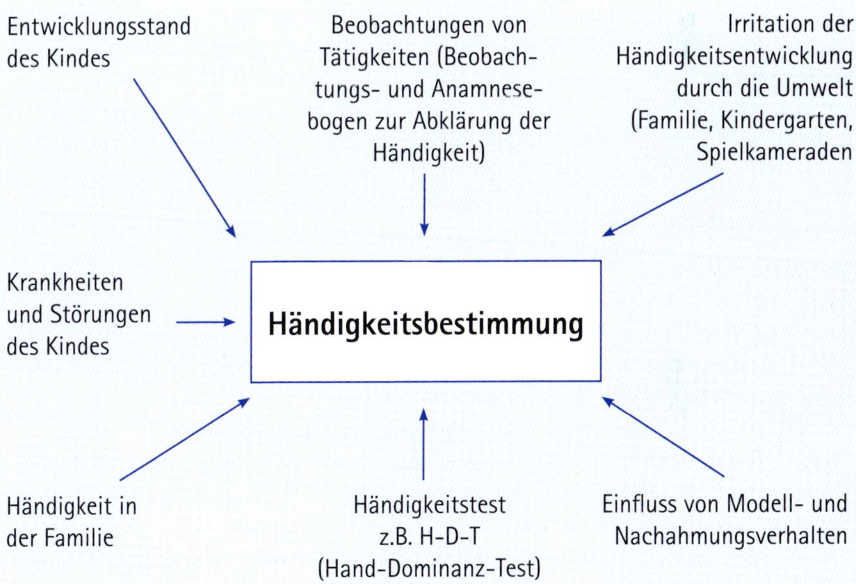

Aus den Fortbildungsunterlagen zur Zusatzausbildung zum/zur Linkshänder-BeraterIn nach Methodik Dr. J.B. Sattler, München, 2000

Händigkeit ist Hirnigkeit – Definition von Händigkeit II

Definition von Händigkeit II – Neurophysiologische Hinweise

Die Händigkeit des Menschen ist keine schlechte Angewohnheit, die man bekämpfen oder ändern kann. Händigkeit ist nicht nur eine Frage des bevorzugten Handgebrauchs für bestimmte Tätigkeiten, Händigkeit ist Ausdruck der motorischen Dominanz der gegenüberliegenden, kontralateralen Gehirnhälfte. Pointiert ist festzustellen, dass Händigkeit letztendlich Hirnigkeit bedeutet.

Die linke Hemisphäre kontrolliert die rechte Seite des Körpers, so die Hand, das Bein und den Fuß, und die rechte Gehirnhälfte kontrolliert die linke Körperseite.

Die motorisch steuernden Nervenbahnen und auch die sensorischen Nervenbahnen, die Empfindungsrückmeldungen vom Körper in das Gehirn leiten, verlaufen fast vollständig überkreuz. Die Kreuzung der meisten Nerven geschieht in den Pyramidenbahnen, den dicken Fasernbündeln, die durch den Thalamus, den Hirnstamm und das Rückenmark ziehen.

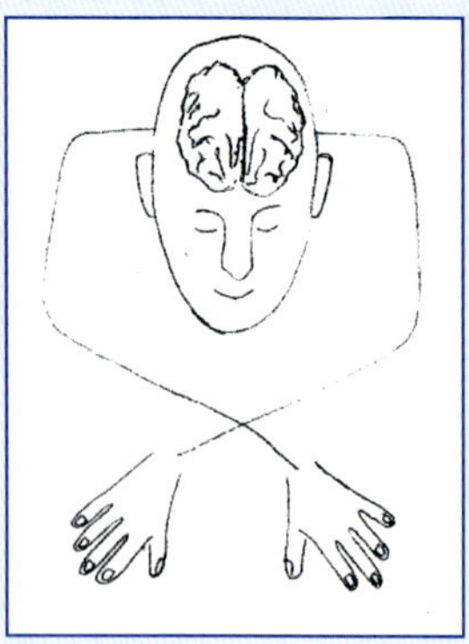

Gekreuzte Nervenverbindungen zwischen Gehirnhemisphären und Händen

Am stärksten werden die am weitesten vom Rumpf entfernten Teile einer Extremität, wie die Hand- und Fingermuskulatur, in der gegenüberliegenden Hemisphäre repräsentiert und vertreten. In gewissen Maßen trifft das auch auf die Füße zu. Jedoch benutzen wir die Füße in der Regel zu ganz anderen, weniger diffizilen Tätigkeiten als die Hände und Finger, daher ist die Dominanz der Hände nicht automatisch auf die Dominanz der Füße zu übertragen. Mit den Händen greifen wir nach verschiedensten

Gegenständen, wir hantieren und erstellen mit ihnen anspruchsvolle feinteilige Arbeiten. Wir malen und schreiben, wir musizieren und streicheln und ertasten die Welt. Die Füße hingegen sind kaum von der Funktion der Beine zu trennen. Wir benutzen sie zum Stehen, Laufen, Springen und Balancieren.

Lateralität – Händigkeit, Füßigkeit, Äugigkeit, Ohrigkeit

Mit dem Begriff „Lateralität" oder auch „Seitigkeit" wird bezeichnet, in welchem Maß die Motorik auf einer Körperseite stärker ausgeprägt ist. Auch bei der visuellen und auditiven Verarbeitung setzen sich ein Auge und ein Ohr stärker durch.

Lateralität / Seitigkeit

Begriff	Händigkeit	Füßigkeit	Äugigkeit	Ohrigkeit
	motorische Dominanz bei feinmotorischen Tätigkeiten einer oder beider Hände	motorische Dominanz bei beidbeinigen Tätigkeiten unter starkem Einfluss von Balance und Gleichgewicht	visuelle Dominanz beim einäugigen und beidäugigen Sehen	auditive Dominanz beim Hören mit beiden Ohren
Nervenkreuzung	nervale Kreuzung in den Pyramidenbahnen	nervale Kreuzung in den Pyramidenbahnen	Sehnervenkreuzung (Chiassma opticum)	Hörnervenkreuzung
Zentren im Gehirn	motorische und sensorische Areale	motorische und sensorische Areale	Sehzentrum	Hörzentrum
Funktionelle Störungen	feinmotorische und sensorische Störungen	Gleichgewichtsstörungen	Sehstörungen in einem oder beiden Augen oder in der zerebralen Verarbeitung	Hörstörungen in einem oder beiden Ohren oder in der zerebralen Verarbeitung

„Gekreuzte Lateralität" als Ausdruck für Lernstörungen?

Das Schaubild (Lateralität und Seitigkeit) verdeutlicht, welche unterschiedlichen zerebralen Funktionen hier zum Ausdruck kommen. Es handelt sich um motorische und sensorische Areale und um das Seh- und Hörzentrum. Jeder Bereich hat seine eigene laterale Dominanz und auch die Kreuzungen der Nervenbahnen befinden sich an verschiedenen Orten.

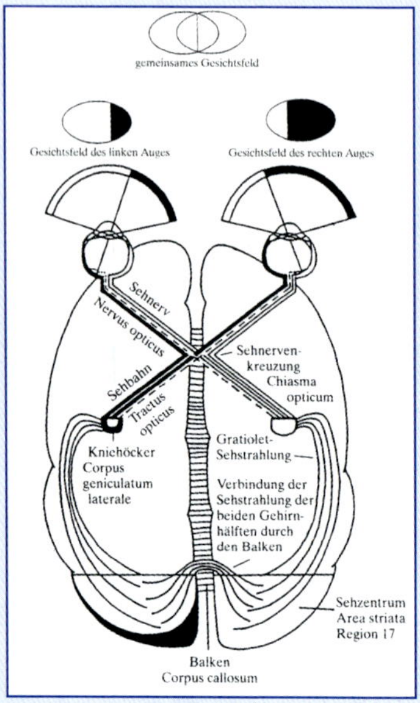

Schema der Physiologie der visuellen Wahrnehmung Lateralität und Seitigkeit (Sattler, 2000)

In manchen pädagogischen/therapeutischen Richtungen wird von einer einzig wirkenden Dominanz ausgegangen und geschlossen, dass die Dominanz der Augen, Ohren, Hände und Füße alle auf einer Seite sein müssten. Sind sie das nicht, wird das als „gekreuzte Dominanz" oder „gekreuzte Lateralität" bezeichnet. Bei kognitiven Schwierigkeiten, z.B. Lesestörungen, wird dann versucht, diese ursächlich mit der gekreuzten Lateralität zu begründen. Dieser Ansatz geht von einer zusammenhängenden Lateralität im Gehirn aus. Abgesehen von Störungen in den einzelnen Organen und der zerebralen Verarbeitung im Gehirn (z.B. Sehstörungen durch zerebrale visuelle Schwierigkeiten oder Hörstörungen, Hörverarbeitungsstörung, Koordinations- und Gleichgewichtsprobleme) ist die Verarbeitung im Gehirn keine einfache, zusammenhängende Funktion, sondern es sind hoch komplizierte neurophysiologische Prozesse. Daher können von einzelnen Dominanzen keine hinreichend sicheren Aussagen auf die Dominanz anderer Körperteile gemacht werden.

Lateralisation

Der Begriff „Lateralisation" beschreibt die Spezialisierung der linken oder rechten Hemisphäre auf einzelne Funktionen. Um 1862 entdeckte der Mediziner Broca das nach ihm benannte Broca'sche Zentrum für die Sprachverarbeitung. Es ist, ebenso wie das vom Neurologen Wernicke 1874 beschriebene Wernicke-Zentrum für das Sprachverständnis, bei den meisten Menschen in der linken Hemisphäre lokalisiert. Dies gilt auch für Linkshänder.

Die wichtigen Funktionen der rechten Gehirnhälfte für Raumwahrnehmung und räumliche Orientierung, aber auch für das Melodiegedächtnis wurden etwa ein Jahrhundert später, besonders durch die Forschungen von Roger Sperry und seine split brain Untersuchungen, erforscht und richtig bekannt.

Die hier dargestellte Aufteilung der verschiedenen Funktionen auf einzelne Hemisphären soll ein Überblick über die Spezialisierung geben.

Gehirnhemisphärenlateralisation	
linke Hemisphäre (rechte Körperseite)	rechte Hemisphäre (linke Körperseite)
analytisches, logisch-sprachliches Denken, linear, d.h. aufeinander folgend	synthetisches, ganzheitliches Denken beziehungsreich und gleichzeitig
Zeit	Raum und Perspektive
Sprachzentrum	körperliche Vorstellung im Raum räumliche Orientierung
grammatikalisches Verständnis	bildhafte Vorstellung Erkennen von Gesichtern
sprachliche Sinnerfassung der Worte, Wortschatz, insbes. abstrakte Begriffe	Melodiegedächtnis
Gesten	Erkennen von Tonhöhe und Tonfall in der Stimme Gefühlsverständnis Ausdrucksverständnis sprachfreie, soziale Wahrnehmung
Intellekt	Intuition
Sattler, 1995, 38 f.	

Sowohl der Linkshänder als auch der Rechtshänder muss einen guten Zugang zu beiden Hemisphären haben und die Interaktion muss funktionieren, sonst kann es zu verschiedensten zerebralen Störungen kommen. Trotz allem ist anzunehmen, dass in der zerebralen Lateralisation der Grund dafür liegt, dass Links- und Rechtshänder unterschiedlich „ticken" und sich neben allen persönlichen und individuellen Eigenschaften doch in bestimmten Persönlichkeitszügen unterscheiden.

Mit wissenschaftlichen behavioristischen Methoden sind diese feinen Unterschiede bisher aber noch nicht beweisbar, vermutlich deshalb, weil sich die Unterschiede unter anderen individuellen Einflüssen der Familie, Gesellschaft und der schulischen Ereignisse kaum herausfiltern lassen. Beobachtet wird aber, dass Linkshänder oft andere Verhaltensweisen in ihren Planungen und in ihrem Gruppenverhalten pflegen und gerade linkshändige Kinder ziehen sich z.B. besonders gern zurück. Diese Kinder zeigen diesbezüglich keine Merkmale einer Verhaltensauffälligkeit und haben normale Freundschaften.

Plastizität des Gehirns und Händigkeit

Im Spannungsverhältnis von Lateralisation (Aufgabenverteilung im Gehirn) und Lateralität (Seitigkeit) funktioniert unser Gehirn auf höchst komplexe Weise und wir verstehen bisher nur Bruchstücke von nervalen Übertragungen, der Entstehung von neuen Nervenzellen im erwachsenen Gehirn und synaptischer Funktionen mit den verschiedenen biochemischen Umsetzungen.

Seit sich die bildgebenden Methoden in rasanter Weise weiterentwickeln, eröffnen sich der Wissenschaft immense Möglichkeiten, mehr von Gehirnablaufprozessen zu verstehen. Häufig wurden in der Vergangenheit Linkshänder nach einem Unfall oder einer zerebralen Krankheit, die ihre Linkshändigkeit betroffen haben (z.B. Schlaganfall, Gehirntumor), untersucht, um Erkenntnisse über Händigkeit zu bekommen. Ein Vergleich mit der unverletzten Situation war in diesen Fällen aber nicht mehr möglich, so kam es zu Fehlern und zu nicht zu beweisenden Hypothesen.

Auch wurde oft nicht zwischen umgeschulten Linkshändern, die veranlasst worden waren, mit ihrer nicht dominanten rechten Hand zu schreiben, und nicht umgeschulten Linkshändern in wissenschaftlichen Probandengruppen unterschieden.

Fragestellung der Studie über Langzeitfolgen der umgeschulten Händigkeit mit bildgebenden Methoden (PET)[1]

Eine der wenigen Studien, die sehr konsequent auf die unterschiedlichen Gruppen achtet, sind die Forschungen des Neurowissenschaftlers Hartwig Siebner, die derzeit, zusammen mit Stefan Klöppel noch fortgesetzt werden.

1 Siebner, Hartwig R. u.a. 2002: Long-Term Consequences of Switching Handedness: A Positron Emission Tomography study on Handwriting in "Converted" Left-Handers. In: The Journal of Neuroscience, April, 2002, 22(7): 2816-2825

In seiner 2002 veröffentlichten Studie wurde untersucht, ob umgeschulte Linkshänder, die ihr ganzes Leben rechts geschrieben haben, die gleichen Hirnregionen für die Durchführung handschriftlicher Tätigkeiten benutzen wie Rechtshänder, bzw. wie stark die Linkshändigkeit bei umgeschulten Linkshändern fortbesteht. Die Gehirnaktivitäten bei den sorgfältig ausgewählten Probanden wurden beim Schreiben mit der bildgebenden Methode der Positronen-Emissions-Tomographie (PET) untersucht.

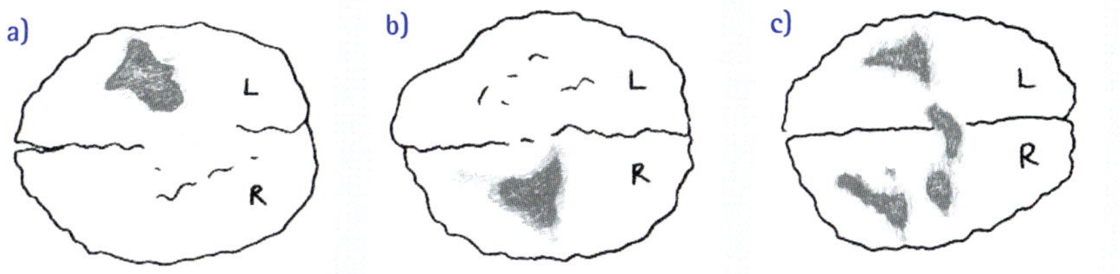

Schematische Darstellung der unterschiedlichen Hirnaktivitäten beim Schreiben: a) Rechtshänder mit der rechten Hand, b) Linkshänder mit der linken Hand und c) umgeschulte Linkshänder mit der rechten Hand.

Ergebnisse

a) Rechtshänder zeigten starke asymmetrische funktionelle Aktivierungsmuster (linke prämotorische und partiale Hirnhemisphäre).

b) Linkshänder zeigten gespiegelte Aktivierungsmuster in der rechten Hirnhälfte.

c) Erwachsene umgeschulte Linkshänder zeigten eine mehr symmetrische funktionelle Aktivierung während rechtshändigen Schreibens mit gesteigerter rechts hirnhemisphärischer Aktivität in frontal-parietalen motorischen Assoziationsgebieten. Sie zeigten also fortdauernde Merkmale einer Linkshändigkeit während rechtshändigen Schreibens.

Das heißt also, einen Linkshänder kann man nicht wirklich umschulen. Wenn es trotzdem versucht wird, bleiben die Schaltstellen nach wie vor in der dominanten rechten Hemisphäre bestehen und es kommt zu einer erhöhten Anforderung durch vermehrten Energieeinsatz in beiden Hemisphären.

Beeinträchtigte Händigkeit

Einführung

Es gibt verschiedene Ursachen, die auf eine freie Händigkeitsentwicklung negativen Einfluss nehmen können. Zu unterscheiden sind pränatale Einflüsse, Einflüsse um die Geburt und postnatale Einflüsse, die zu einer Beeinträchtigung der Händigkeitsentfaltung führen können. Hierzu zählen z.B. Verbrennungen, Verletzungen einer Hand oder ein Armbruch in einer sensiblen frühen Phase, die zu einer Irritation bei der Händigkeitsentwicklung führen.

Fallbeispiel: Paul

Paul verlor bei einem tragischen Fahrradunfall im Alter von knapp einem Jahr, als er in die Kette eines Fahrrads gegriffen hatte, mehrere Finger an der linken Hand. Er benutzte daraufhin diese Hand lange Zeit überhaupt nicht mehr. Etwa im Alter von vier Jahren wurde eine ergotherapeutische Intervention vorgenommen, um die linke Hand mehr zu fördern und um beurteilen zu können, ob er Links- oder Rechtshänder sei, denn er wechselte trotz der amputierten Finger immer stärker auf die linke Hand. Mit fünf Jahren wird er schließlich fachmännisch auf seine Händigkeit getestet. Dabei wird festgestellt, dass Paul mit sehr großer Wahrscheinlichkeit linkshändig ist. Durch die jahrelang eingenommene Schonhaltung der verletzten linken Hand gegenüber der rechten Hand waren jedoch die beobachtbaren linkshändig durchgeführten Tätigkeiten nicht sehr aussagekräftig. Anders war es bei dem Zeichentest und den grafomotorischen Untersuchungen der Hände. Um das Gleichgewicht der Einsatzfähigkeit von beiden Hände wieder herzustellen, wurde ein zeitweiliges Training der linken Hand bei alltäglichen Tätigkeiten und auch beim Malen empfohlen. Komplizierend zu diesen Entwicklungen waren auch die begleitenden Schuldgefühle, die sich besonders die Mutter machte und die zeitweise zu einem Vermeidungsverhalten zu der Händigkeitsfrage des Sohns führten. Ein Dreivierteljahr nach der Händigkeitsuntersuchung schreibt die Mutter, dass es Paul wirklich gut gehe, dass er begonnen habe, mit der linken Hand zu schreiben und er sich sehr gut entwickele.

Zur „Beidhändigkeit" und zum wechselnden, instabilen Handgebrauch

Viel Verwirrung entstand durch den Begriff „Beidhänder". Mit ihm bezeichneten sich oft umgeschulte Linkshänder, die zwar viele Tätigkeiten links durchführten, aber zum Schreiben und zu anderen Kulturtechniken (z.B. mit der Schere schneiden, mit Messer und Gabel essen) auf rechts umgeschult wurden. Sie konnten sich oft nicht richtig als

Rechtshänder einordnen und waren auch nicht mehr klare Linkshänder. In Ermangelung einer passenden eigenen Gruppierung definierten sie sich als „Beidhänder" (engl. Ambidexter), um zumindest ein Stück Händigkeitsidentität zu erlangen.

Vertreter der bereits oben erwähnten Bewegung zur Förderung der „Beidhändigkeit", die zu Beginn des 20. Jahrhunderts in England entstand, propagierten eine Erziehung zur Benutzung beider Hände für Führungsaufgaben. Man meinte damit, scheinbar brachliegende Gehirnareale aktivieren zu können und erhoffte sich eine besondere Stärkung des Gedächtnisses und der Moral (Sovak, 1968). Es wurden sogar entsprechende Schulversuche durchgeführt, die nach dem Auftreten von Schulproblemen durch den Einspruch von Ärzten wieder eingestellt wurden.

Aber auch Menschen mit unklarem, instabilem bis wechselnden Handgebrauch wurden lange Zeit in der öffentlichen Diskussion als „Beidhänder" bezeichnet. Kinder, die für einzelne Tätigkeiten nicht stabil eine Hand benutzen, sondern einmal die rechte und einmal die linke Hand, werden heute als Kinder mit „wechselndem, instabilem Handgebrauch" bezeichnet.

Diese Menschen sind in der Regel mit beiden Händen eher ungeschickt, als dass sie mit beiden Händen wirklich gute Leistungen erbringen. Man sollte hier aber auch noch genauer unterscheiden zwischen dem Wechseln der Aktivitätshand innerhalb einer Tätigkeit (ständig wechselnder Handgebrauch) und dem Wechseln der Aktivitätshand bei unterschiedlichen Tätigkeiten (instabiler Handgebrauch) (siehe Tabelle „Übersicht über den Handgebrauch").

Es gibt auch Kinder, die insgesamt eine sehr gute feinmotorische Geschicklichkeit haben und die sich besonders an Vorbildern orientieren, also an Menschen, die aus Sicht der Kinder eine positive emotionale Bedeutung haben. Diese Kinder laufen Gefahr, in die falsche Händigkeit hineinzurutschen, gerade weil es für sie so scheint, als könnten sie sich ihre dominante Hand selbst aussuchen. Bei genauerer Beobachtung wird aber oft festgestellt, dass unter den beiden Händen durchaus eine noch besser auf diesem hohen Niveau ist und als dominante Hand benutzt werden sollte. Wenn dies nicht gelingt, fallen diese Menschen oft nicht auf, weil sie meist die Möglichkeit haben, kognitiv und feinmotorisch gut zu kompensieren. Natürlich darf man das nicht pauschalieren und Ausnahmen kommen dabei vor.

Als Menschen mit umgeschulter Händigkeit werden jene bezeichnet, die für feinmotorische Tätigkeiten, die eine intellektuelle Anforderung stellen, wie besonders das Schreiben, nicht die dominante Hand benutzen.

Übersicht über den Handgebrauch nach Abschluss des Händigkeitsmanifestationsprozesses				
	Rechtshänder	Linkshänder	Umgeschulter Linkshänder	Mensch mit ständig wechselndem oder instabilem Handgebrauch
Handgebrauch im Alltag sichtbar	rechts	links	links, wechselt bei umgeschulten Tätigkeiten (Schreiben, Malen, Schneiden, Essen, Begrüßen und andere Tätigkeiten)	- wechselt innerhalb einer Tätigkeit hin und her, besonders bei Tätigkeiten, die viel feinmotorisches Geschick erfordern (ständig wechselnder Handgebrauch) - wechselt Aktivitätshand bei unterschiedlichen Tätigkeiten (instabiler Handgebrauch)
			links und rechts, wechselt tätigkeitsgebunden (wenn keine zusätzlichen Probleme vorliegen)	links oder rechts, instabil, wechselnd, Qualität oft rechts und links nicht gut, muss viel kompensieren
Ursache	zentrale zerebrale motorische Dominanz links	zentrale zerebrale motorische Dominanz rechts	Umschulung, Nachahmungsverhalten	
			zentrale motorische Dominanz bleibt trotz Umschulung rechts!!	mit feinmotorischen Problemen, die angeboren oder erworben sind
Konsequenz	kein Handlungsbedarf	- linkshandgerechte Gegenstände frühzeitig anbieten - Schreibhaltung rechtzeitig vorbereiten - adäquate Hilfestellungen bei Handlungsabläufen geben	- Abklärung der Händigkeit - Beratung durch zertifizierte Linkshänder-Berater - Rückschulung andenken - Gebrauchsgegenstände für Linkshänder sind sinnvoll und wichtig - Aufklärung des sozialen Umfelds - Psychotherapie	- Grundursache klären (Mediziner, Psychologe u. a. m.) - Abklärung der Händigkeit - (bewegungs-) therapeutische Interventionen bei Bedarf - Rückschulung bzw. Stabilisierung des Handgebrauchs andenken - Umweltberatung/Aufklärung des sozialen Umfelds

Ein Kind mit einer deutlichen Händigkeit entwickelt in der Regel vom 2. bis 4. Lebensjahr einen stabilen Handgebrauch. Es hat eine sichere Aktivitätshand (die dominante Hand) und eine Hilfs- bzw. Haltehand (die nicht dominante Hand). Dieser Handgebrauch ist dann bei allen Tätigkeiten konstant zu beobachten. Zum Entwickeln eines stabilen Handgebrauchs sind bestimmte Vorläuferfähigkeiten notwendig: zum Beispiel Rotationsfähigkeit als Voraussetzung für die Kreuzung der Körpermitte (z.B. Drehen von Bauch- in Rückenlage) und eine stabile Ausgangsposition für alle Tätigkeiten.

Ursachen für ständig wechselnden und für instabilen Handgebrauch können angeborene Probleme und/oder später erworbene Probleme sein.

Die angeborenen Probleme können bei oder vor der Geburt aufgetreten sein. Zu ihnen gehören zum Beispiel neurologische Grunderkrankungen, wie z.B. Hemiparesen (Halbseitenlähmung in unterschiedlicher Ausprägung), Plexusparese (Erb'sche Lähmung, hervorgerufen durch Lähmung des Nervengeflechts Plexus brachialis) und Restreaktionen (Bestehenbleiben von frühkindlichen automatischen Reaktionen über die Zeit hinaus, in der diese Reaktionen von reiferen Strukturen des Gehirns kontrolliert und dadurch integriert werden). Weiter zählen dazu Entwicklungsverzögerungen, Tonusprobleme (Probleme mit der Muskelspannung), SI-Störungen (die Koordination, das Zusammenspiel und die Verarbeitung unterschiedlicher Sinnesqualitäten und -systeme) und auch Fehlbildungen der Hand.

Zu den erworbenen Problemen gehören z.B. Blockaden der Halswirbelsäule, Verletzungen durch einen Unfall im Bereich des Gehirns aber auch der Hand oder des Arms (z.B. Frakturen, Amputationen) oder lokale Ereignisse wie z.B. Verbrennungen oder Kontrakturen (Einschränkung der Beweglichkeit durch eine dauerhafte Verkürzung von Muskeln, Sehnen, Bändern).

Therapeutische Interventionsmöglichkeiten bei wechselndem und instabilem Handgebrauch

Obige Ausführungen zeigen, wie facettenreich die Ursachen für einen wechselnden sowie für einen instabilen Handgebrauch sein können. Dies macht eine differenzierte, ausführliche und verschiedene Aspekte einschließende diagnostische Abklärung notwendig. Sie erfolgt günstigerweise in einem interdisziplinären Team bzw. in einer guten Interaktion zwischen verschiedenen Fachleuten, wie z.B. Medizinern, Psychologen, Ergo- oder Physiotherapeuten. Eine derartige Zusammenarbeit ist besonders wichtig, wenn zu einer angeborenen oder erworbenen Entwicklungsstörung auch noch eine umgeschulte Händigkeit vorliegt, was häufig in einem wechselnden Handgebrauch sichtbar wird.

Es gibt inzwischen Fachleute, die sich auf Händigkeitsfragen spezialisiert haben. Sie kommen aus den verschiedensten Fachgebieten und haben unterschiedliche Schwerpunkte. Für die Abklärung von Händigkeitsfragen bei deutlichen Bewegungsauffälligkeiten sollten Fachleute gewählt werden, die eine zusätzliche Qualifikation in Entwicklungsdiagnostik und die Qualifikation zur Beurteilung der grob- und feinmotorischen Fähigkeiten haben. In Einzelfällen kann eine zusätzliche neurophysiologische Abklärung notwendig sein, z.B. bei angeborenen und erworbenen Erkrankungen wie einer Plexusparese. Zertifizierte Linkshänder-Beraterinnen und Linkshänder-Berater nach dem S-MH-Ansatz sind auf der gleichnamigen Netzwerkseite verzeichnet (www.lefthander-consulting.org/linkshaender-berater). In der „Ersten deutschen Beratungs- und Informationsstelle für Linkshänder und umgeschulte Linkshänder" können weitere Fachleute für Händigkeitsfragen erfragt werden. Auch im Internet haben sich verschiedenste Foren und Einrichtungen gebildet, die auf derartige mehr oder weniger qualifizierte Fachleute hinweisen.

Fachleute aus dem psychotherapeutischen und pädagogischen Bereich sind eher nicht für diese Händigkeitsuntersuchungen mit Bewegungsauffälligkeiten spezialisiert. Hier kommen neben Ärzten, die meist die erste Anlaufstelle sind, Physio- und Ergotherapeuten, Motopäden und Heilpädagogen in Betracht.

Nach einer differentialdiagnostischen Abklärung sollten – nach einer Hierarchisierung der einzelnen Problembereiche – entsprechende therapeutische Maßnahmen erfolgen. Diese können zunächst in der Durchführung einer Physio- oder Ergotherapie bestehen, um Entwicklungsverzögerungen aufzuholen und/oder Defizite zu reduzieren. In vielen Fällen kommt es mit einer Verbesserung der Feinmotorik und der Koordination auch zu einer Verbesserung der Händigkeitsmanifestation bei diesen Kindern.

Maßnahmen zur Unterstützung bei wechselndem, instabilem Handgebrauch, verbunden mit einer Entwicklungsverzögerung

a) durch Physio- und Ergotherapeuten, Motopäden oder Heilpädagogen:
   - aktive Eigenregulation von Haltung und Bewegung
   - allgemeine motorische Grundfähigkeiten erarbeiten
   - bilaterale Bewegungsangebote vermeiden, die die Gefahr einer Umschulung vergrößern, wie z.B. beidhändiges Malen (double doodle)
   - Tätigkeiten anbieten, die einen nachhaltig positiven Eindruck für die dominante Hand hinterlassen (hämmern, ziehen, drücken, schmirgeln, raspeln, feilen)
   - Anleitung für Pädagogen und Eltern

b) durch Pädagoginnen und Pädagogen:
- linkshandgerechtes Material rechtzeitig bereitstellen und gegebenenfalls auch die Arbeit damit anleiten können
- angemessene Arbeitsplatzgestaltung auch für das linkshändige Kind
- auch umgekehrte Arbeitsrichtung zulassen
- Anleitung für Eltern

c) durch Eltern:
- Selbstständigkeit des Kindes zulassen, z.B. bei der Körperpflege, dem An- und Ausziehen, beim Essen und Tischdecken
- bei Angebot von Spielmaterial darauf achten, dass keine Seite bevorzugt wird

Bei allen Maßnahmen muss unbedingt beachtet werden, dass die Händigkeit eines Kindes im Verlauf beobachtet und berücksichtigt wird.

Folgen der Umschulung der Händigkeit

Bei einer umgeschulten Händigkeit steht in der Regel keine Entwicklungsstörung im Vordergrund. Umgeschulte Linkshänder haben sich zunächst als Linkshänder mit stabilem Handgebrauch entwickelt, ehe eine Umschulung den Händigkeitsmanifestationsprozess irritiert hat.

Die Umschulung der Händigkeit zum Schreiben ist ein massiver Eingriff in die Funktionen des menschlichen Gehirns. Mit zunehmendem Entsetzen wird heute auf die noch nicht lang zurückliegende Zeit geschaut, in der Kinder durch verschiedenste Methoden veranlasst wurden, nicht ihre dominante linke Hand als Führungshand zu benutzen, sondern ihre ungeschicktere rechte Hand einzusetzen. Unter einer Umschulung der Händigkeit wird hier verstanden, dass Tätigkeiten, die hohe feinmotorische Anforderungen an den Menschen stellen, unter gleichzeitig hoher intellektueller Belastung, nicht mit der dominanten Hand ausgeführt werden. Zum Beispiel sind beim Schreiben Hand und Finger damit beschäftigt, äußerst komplexe Abläufe nach festen formalen Regeln auf das Papier zu bringen, während auf der intellektuellen Ebene Rechtschreibung, Interpunktion und die Formulierung der Gedanken und deren Umsetzung in die feinmotorischen Abläufe der Schrift bewältigt werden müssen. Hinzu kommen emotionale Abläufe, wie z.B. Sorgen, ob die erforderliche Leistung in einer Schulaufgabe auch erbracht wird. Oder die Sorge, ob es gelingt, in einem Brief einem anderen Menschen den eigenen Standpunkt so zu vermitteln, dass er ihn akzeptieren kann. Gleichzeitig hohe Anforderungen an Feinmotorik und Intellekt sind auch beim Spielen eines Musikinstrumentes oder im Sport zu bewältigen und auch in manchen beruflichen Abläufen. Es sind weitere Höchstleistungen gefordert, wenn es bei der Musik zum Zusammenspiel mit anderen Menschen kommt.

Bei einer Umschulung der Händigkeit gerade für so komplexe Vorgänge wie das Schreiben kommt es zu einer Überbelastung der motorisch nicht dominanten Gehirnhälfte und zu einer Unterbelastung der dominanten. Innere Konflikte, quasi Kompetenzschwierigkeiten in den zerebralen Abläufen, treten offensichtlich auf. Die motorischen Assoziationsgebiete im Gehirn, die für motorische Planungen zuständig sind, sozusagen die Programmier- und Schaltstellen für motorische Handlungen, lassen sich nicht verschieben. Diese Assoziationsgebiete reagieren bei einem umgeschulten Linkshänder zusätzlich immer auch in seiner rechten Gehirnhälfte, lebenslang, selbst wenn dieser von Anfang an mit der rechten Hand schreibt: Es kommt also zu einer doppelten Aktion im Gehirn. Sie kann als größere Belastung und mehr Energieumsatz interpretiert werden gegenüber einem nicht umgeschulten Links- oder Rechtshänder (siehe Siebner, 2002; Klöppel, 2007). Dadurch werden die Abläufe im Gehirn verlängert und vermutlich überlagert. Dabei wird mehr Energie verbraucht. Ermüdung und Unkonzentriertheit treten früher auf.

Weitere Primärfolgen einer Umschulung der Händigkeit können Gedächtnisschwierigkeiten, Blackouts, der „Wackelkontakt" im Gehirn sein, wie viele umgeschulte Linkshänder es formulieren, ohne sich der Ursachen überhaupt bewusst zu sein.

Aber auch „Spiegelschwierigkeiten"[1] von Wort- oder Buchstabenverdrehern und auch Zahlenverdrehern, die in den Bereich legasthener Probleme beim Schreiben und lauten Lesen gehen, können bis ins Erwachsenenalter auftreten. Unsicherheiten in der Raum-Lage werden häufig beobachtet und äußern sich z.B. im Verwechseln von links und rechts.

Feinmotorische Irritationen werden bei der Schrift und manchmal beim Basteln und Handarbeiten auffällig. Beim Sprechen kann es zu Wortfindungsschwierigkeiten kommen, woraus ein unregelmäßiger Sprechfluss entsteht.

1 Spiegelungen von Buchstaben und Zahlen in der Vorschul- und Einschulzeit sind hier nicht gemeint

Primär- und Sekundärfolgen der Umschulung der Händigkeit

Primärfolgen der Umschulung der Händigkeit können sein:

- Gedächtnisstörungen
- Konzentrationsschwierigkeiten
- Lese-Rechtschreib-Störungen
- Links-Rechts-Unsicherheit
- Feinmotorische Störungen
- Sprachauffälligkeiten

Sekundärfolgen der Umschulung der Händigkeit können sein:

- Unsicherheit
- Zurückgezogenheit
- Minderwertigkeitskomplexe
- Verhaltensprobleme
- Manche Menschen versuchen, durch einen überhöhten Leistungseinsatz die Schwierigkeiten zu bewältigen (Demosthenes-Effekt)

Diese Primärfolgen der Umschulung setzen sich bei vielen Betroffenen in verschiedensten Sekundärfolgen fort. Dabei wirken jedoch individuelle Begabungen und Persönlichkeitseigenschaften wie auch Umstände aus dem Umfeld des einzelnen Menschen mit und können zu sehr unterschiedlichen Erscheinungsbildern führen. Manche Menschen ziehen sich sehr zurück. Sie vertrauen nicht mehr ihrer Fähigkeit, sich entsprechend ihrer Intelligenz zu äußern. Andere versuchen durch Nachfragen oder durch die sogenannte Ja-Aber-Haltung im Gespräch zu bleiben, was bis zum rechthaberischen Widersprechen gehen kann. Häufig beschriebene Reaktionen im zwischenmenschlichen Bereich können dann dazu führen, dass der Betroffene von seinen Mitmenschen gemieden wird, weil sie seine ständige Widerspruchshaltung nicht mehr ertragen können. Der Umgeschulte versteht diese Reaktion nicht und fühlt sich abgelehnt. Dieser Widerspruch kann bis zu Verhaltensauffälligkeiten führen und schließlich in einer Behandlung beim Psychotherapeuten enden.

Jeder Mensch hat seine eigene Geschichte, seine individuelle Biografie, von der er geprägt worden ist. Dies sollte bei einer Beurteilung der Situation des umgeschulten Linkshänders besonders mit einbezogen werden.

Als eine logische Folge, um mit den auftretenden Schwierigkeiten zurechtzukommen, ist bei vielen eine Überkompensation zu beobachten: Der betroffene Mensch versucht mit aller Kraft, die Schwierigkeiten zu überwinden. Oft trägt die Erziehung ihren Teil dazu bei: „Du bist nur faul, streng dich mehr an, du bist doch nicht dumm". So führt dieses pädagogische Missverständnis viele umgeschulte Linkshänder in eine Dauerüberanstrengung. Sie kennen kaum wirkliche Entspannungsphasen, müssen andauernd etwas Sinnvolles tun und sind erst dann voll in ihrem Element, wenn sie Höchstleistungen erbringen können oder müssen. Vielleicht werden in diesem Moment die „Schaltstellenprobleme" in ihrem Gehirn klarer und sie bekommen den Leistungskick, den sie brauchen, um entsprechend ihrer Intelligenz zu funktionieren. Dabei überanstrengen sie jedoch sich und ihre Umwelt andauernd. Das kann zur absoluten Erschöpfung bis zum Burn-out und zu psychosomatischen Schwierigkeiten führen.

Fallbeispiel: Pedro

Pedro wurde in den 60er-Jahren in einer spanischen Familie in München geboren. Zu Schulbeginn wurde er unter traumatischen Umständen auf rechts umgeschult. Seine Mutter schlug ihn, und wenn er weinte, sagte sie ihm, dass „linkshändig schreiben" dumm sei. Die schulischen Leistungen des zweisprachig aufwachsenden Kindes wurden immer schlechter. Er begann zu stottern und litt unter Konzentrations- und Gedächtnisschwierigkeiten. Er entwickelte eine massive Legasthenie. Pedro zog sich immer mehr zurück. Bis zur 4. Klasse schlug er sich so durch, dann wurde er in eine Schule für Lernbehinderte geschickt. Auch dort war er sehr still, zurückgezogen und nicht belastbar. Er konnte aber durch Fleiß seine Leistungen in Deutsch und in Mathe erheblich verbessern. Er entwickelte eine massive Depression, auf die sich auch die dauernden Streitereien der Eltern verschlechternd auswirkten. Nach einer Schlosserlehre zog er sich völlig zurück und erst nach Aufenthalten in einer Psychosomatischen Klinik und einer Einrichtung für psychisch Kranke begann er sich langsam zu öffnen. Er versuchte mit einem Legasthenietraining und Eingliederungsmaßnahmen wieder Boden unter den Füßen zu bekommen, ist aber stark von Beruhigungsmedikamenten abhängig. Anlässlich der vielen Untersuchungen wurde bei ihm eine gute Intelligenz festgestellt, überdeckt von einer Legasthenie. Bis heute versteht er nicht, warum seine verstorbene Mutter so ein schwieriges Verhältnis zu ihm hatte.

Im Alter von 46 Jahren begann er eine Rückschulung der Händigkeit zum Schreiben mit links. Mit dieser verknüpft er nun große Hoffnungen. Jedoch ist ihm bewusst, dass die massiven psychosomatischen Probleme, die sich bei ihm verselbstständigt haben, mit einer Rückschulung nur wenig verbessert werden können und dass auch langfristig eine psychotherapeutische Begleitung notwendig sein wird.

Zwar wird heute zum Glück kaum noch bewusst auf die nicht dominante Seite umgeschult, jedoch vollziehen manche Kinder diesen Eingriff selbst durch Nachahmungs- und Modellverhalten als Anpassungsmaßnahme an die rechtshändige Umwelt. Das geschieht oft recht früh. Der Eintritt in den Kindergarten ist eine besonders sensible Phase. Eltern und Pädagogen müssen manchmal machtlos zusehen, wie Kinder ihre eigenen Entscheidungen durch Nachahmung der neuen Freunde treffen und sich auf ihre nicht dominante Hand umschulen, weil sie auch so sein wollen wie die anderen.

Das betrifft besonders die Kinder, die in ihrer Feinmotorik und in ihrer Koordination nicht so sicher sind wie Gleichaltrige. Sie neigen manchmal stärker zur Beobachtung der anderen. Da ist die Erweiterung des sozialen Bezugsfelds durch die Peergruppe im Kindergarten ein sehr wirksamer Einflussfaktor. Besonders aufmerksame Kinder mit einer guten Intelligenz sind hier eine gefährdete Gruppe. Betroffen sind oft auch solche Kinder, die eine sehr gute feinmotorische Geschicklichkeit haben und die den Unterschied zwischen Führungshand und Haltehand weniger spüren. Wenn diese Kinder keine Hilfestellung erhalten, ihre dominante Hand herauszufinden und sich mit den falschen Vorbildern zu stark vergleichen, kann es zu einer subtilen Umschulung durch das Kind selbst auf die nicht dominante Hand kommen, ohne dass ein gesteuerter Einfluss von außen vorliegt.

Es wäre dringend notwendig, dass in Bildungs- und Erziehungsplänen für Kinder in Krippen und in Kindergärten Hinweise für den Umgang mit der Händigkeit zu einer guten Integration links- und rechtshändiger Kinder aufgenommen würden. Leider steht dazu bis auf wenige Ausnahmen noch nichts in den öffentlichen Grundlagen für Bildungsstandards. Auch im medizinischen Vorsorgeheft wird die Händigkeit mit keinem Wort erwähnt. Beides böte gute Möglichkeiten für frühzeitige, sinnvolle Hilfestellungen.

Formulierungsvorschläge für das medizinische Vorsorgeheft für Kinder

Untersuchungsnummer	Alter in Monaten	Formulierungsvorschlag im Vorsorgeheft	Handlungsempfehlung
U7	21 – 24	☐ vornehmlich linkshändiges Hantieren ☐ vornehmlich rechtshändiges Hantieren	Ist normal, Hinweis für Eltern, dass und wo es Produkte und Informationen für Linkshänder gibt.
		☐ wechselnder, noch uneindeutiger Handgebrauch	Kind in Ruhe lassen; nicht über Händigkeit vor dem Kind reden.
U8	43 - 48	☐ vornehmlich linkshändiges Hantieren ☐ vornehmlich rechtshändiges Hantieren	Hinweis, dass und wo es Produkte und Informationen für Linkshänder gibt.
		☐ wechselnder, noch uneindeutiger Handgebrauch	Grund für uneindeutigen Handgebrauch eruieren über Kinderarzt. Versuch, Händigkeit zu klären, Händigkeitsberatung und therapeutische Intervention, wenn andere Schwierigkeiten da sind.

Fallbeispiel: Hanna
Hanna ist sechs Jahre alt und kommt im Herbst in die Schule. Im Sommer davor darf sie zu einem „Schnuppervormittag" in die Montessorischule, in die sie eingeschult wird. Hanna ist begeistert und erzählt davon. Dann sagt sie nachdenklich zu ihrer Mutter: „Ich werde jetzt auch mit rechts schreiben, alle Kinder machen das dort so, ich habe kein einziges linkshändiges Kind gesehen." Die Mutter, die selbst umgeschult wurde und sich gerade auf ihre linke Hand zurückschult, ist entsetzt und betroffen.

Fallbeispiel: Magdalena
Nach dem ersten Treffen in der Vorschulkindergruppe zur Schreibvorbereitung mit links erzählt die kleine Magdalena, die mit ihrer Mutter von ziemlich weit her angereist ist, auf dem Heimweg, dass dort viele linkshändige Kinder wie sie seien. Sie sei so froh, denn sie hätte gedacht, dass sie nicht normal sei. Magdalena ist die einzige Linkshänderin in der Familie und auch in dem Dorf sind ihr keine linkshändigen Kinder aufgefallen. Die Mutter ist tief betroffen und froh, dass sie sich entschlossen hat, den weiten Weg zur Vorschulgruppe auf sich zu nehmen. Sie hatte bisher nie wahrgenommen, wie bedrückt ihre Tochter darüber war. Mit großer Freude beobachtet sie nun, wie sich Magdalena in der folgenden Zeit entwickelt und wie selbstbewusst sie Notwendigkeiten für ihre Linkshändigkeit dann in der Schule einfordert und damit umgeht.

Chancen und Gefahren einer Rückschulung der Händigkeit bei Erwachsenen

Fast jeder, der die Umschulungsproblematik bei sich feststellt, hat das Bedürfnis, es wieder „gut zu machen" und sich auf die dominante Hand vornehmlich zum Schreiben zurückzuschulen. Motive dafür sind, die häufig erlittenen Beeinträchtigungen rückgängig zu machen, die mit der Umschulung der Händigkeit in Zusammenhang gebracht werden können, bzw. intellektuelle oder emotionale Schwierigkeiten zu verbessern und möglichst zu überwinden. Manche Menschen haben auch recht irreale Vorstellungen und Wünsche, wie sie ihr Leben durch eine Rückschulung der Händigkeit verändern möchten.

Oft treten bei einer Rückschulung zunächst auch Probleme wieder verstärkt auf, die bei der Umschulung der Händigkeit in der Kindheit schon aufgetaucht waren.

Bei Überbelastung durch eine Rückschulung der Händigkeit können bei Menschen, die eine Disposition (Schwachstelle) zu einer Krankheit haben, Krankheiten durchbrechen. Durch den sogenannten „Demosthenes-Effekt" (Überkompensation durch erhöhten Leistungseinsatz), der bei sehr vielen umgeschulten Linkshändern zu finden ist, überanstrengen sich viele und wollen zu schnell zu einem Ergebnis kommen. Es gibt jedoch auch sehr positive Erfahrungen, wie z.B. die einer erfolgreichen Rückschülerin, die hier stellvertretend für viele andere zitiert werden soll.

Fallbeispiel: Frau B.

„Im Januar 2005 habe ich mit der Rückschulung ‚zur Linkshänderin' begonnen. Ich bin schon immer Linkshänder, wusste dies auch, wurde aber als Kind zum Schreiben mit der rechten Hand umgeschult. Sonstige Tätigkeiten führe ich schon immer mit der linken Hand aus. Von Januar 2005 an habe ich regelmäßig, fast täglich Übungen zur Förderung der Fingermotorik gemacht, gekritzelt, gemalt und geschrieben. [Frau B., 27 Jahre, nahm an dem Rückschulungsprogramm in der *Beratungsstelle für Linkshänder* in München teil.] Im November 2005 habe ich dann begonnen, auch im Alltag und im Beruf mit der linken Hand zu schreiben; meine Schrift war noch etwas krakelig, aber es ging schon ganz flott.

Im Dezember 2005 nahm ich an einer viertätigen Fortbildung teil, bei der ich interessante Erfahrungen machen durfte. Anfangs konnte ich es selbst kaum glauben. Es ist sicher schwer nachzuvollziehen, wenn man selbst nicht in dieser Situation steckt bzw. eine Erfahrung dieser Art schon einmal gemacht hat.

Ich hatte mir vorgenommen, auf dieser Fortbildung alles mit links zu schreiben, so schwer es mir auch noch fiel. Ich dachte, das ist die beste Übung und zu Hause kann ich alles ja nochmals am PC schreiben, sodass ich eine ordentliche Abschrift hätte. Am ersten Tag ist es mir noch richtig schwergefallen, mit links zu schreiben. Aber schon am ersten Abend merkte ich, dass es eigentlich doch ganz gut funktionierte. Vor allen Dingen war ich erstaunt, dass sich von dem, was ich aufgeschrieben habe, auch noch das meiste in meinem Kopf befand. Früher war es so, dass ich mit Mühe bei Fortbildungen mitgeschrieben habe. Von dem, was ich nur gehört hatte, war nichts mehr vorhanden und von dem, was ich aufgeschrieben hatte, nur ein Bruchteil. Also machte ich dieses Mal eine ganz neue Erfahrung. Es war ein sehr schönes Gefühl und ich freute mich auf die nächsten Tage.

Es war echt der Wahnsinn, was ich erlebte. Ich konnte mitschreiben, zuhören, die Dinge aufnehmen und dies alles gleichzeitig. Etwas, was mein Gehirn bisher absolut nie geschafft hatte.

Nach den vier Tagen war mein Kopf so voll mit neuem Wissen, wie ich es noch nie erlebt hatte. Es war dann fast schon wieder unangenehm, weil ich gar nicht damit umgehen konnte, so viel zu wissen bzw. im Kopf präsent zu haben.

Als ich nach den vier Tagen abends nach Hause kam, war ich völlig aufgedreht. Ich musste meinem Freund alles erzählen. Auch das war wiederum eine neue Erfahrung. Ich konnte nach vier Tagen zusammenhängend vieles von dem Gelernten wiedergeben. Etwas, was mir bisher nur sehr schwer möglich gewesen war. Ich konnte abends kaum schlafen, weil ich so viel zu verarbeiten hatte, aber es war ein schönes Gefühl, Wissen

zu haben, zu behalten und dann noch weitergeben zu können. Was für andere sicher ganz selbstverständlich ist, ist für mich ein neues Lebensgefühl.
Meine Schrift hat sich in den vier Tagen auch voll entwickelt. Es war anfangs eine krakelige Schrift, und am Ende kam ein schönes, neues Schriftbild heraus, das sich inzwischen zwar noch weiter entwickelt hat, aber dort sehr geprägt wurde.
Für mich war diese Fortbildung sehr lehrreich. Ich bin früher zwar auch schon gerne auf Fortbildungen gegangen, aber ich hatte nie so viel davon, wie dieses Mal. Ich kann jetzt Dinge gleichzeitig aufschreiben, im Kopf aufnehmen und anschließend auch noch wiedergeben. Das sind für mich ganz neue Fähigkeiten, die ich eindeutig der Rückschulung auf die linke Hand zuschreibe.
Meine Blackouts haben sich drastisch verringert. Und ich bin so motiviert wie nie, Neues zu lernen. Der Aufwand für die Rückschulung hat sich auf jeden Fall gelohnt. Ich würde es gleich wieder tun" (Sattler, Marquardt, 2006).

Vor einer Rückschulung der Händigkeit müssen viele Fragen geklärt werden. Sie ist ein längerfristiger Prozess, der unbedingt von spezialisierten Fachleuten begleitet werden sollte. Kriterien für eine geglückte Rückschulung sind eine flüssige, harmonische Schrift, das subjektiv anhaltende Gefühl sich besser zu fühlen und der tatsächliche Rückgang von Primär- und eventuell zum Teil auch von Sekundärfolgen der frühen Umschulung auf die nicht dominante Hand.

Man sollte die Rückschulung locker nehmen, „sportlich", sich aber auch bewusst sein, dass es sich dabei immer um ein Experiment mit dem eigenen Gehirn handelt.

Umgang mit der Händigkeit

Was Hänschen falsch lernt ...
Zur Bewegungsplanung und automatisierten Motorik

Gute und passende Gebrauchsgegenstände sollten sowohl Links- als auch Rechtshändern im Haushalt, in der Schule und später als Erwachsenen am Arbeitsplatz zur Verfügung stehen. Auch auf die passende Anordnung des Arbeitsplatzes ist von Anfang an zu achten und Wert darauf zu legen. Es beginnt mit der Aufhängung der Rassel über dem Kinderwagen, dem Spielzeug des Kindes, dem Kinderlöffel, dem Handgeben und geht weiter mit den verschiedensten Gebrauchsgegenständen, wie z.B. Scheren, Spitzern oder Kartoffelschälern. Bei Schulutensilien ist auf den Füller und auf Lineale zu achten. Am Arbeitsplatz im Haushalt oder im Beruf können asymmetrische Maschinen und Werkzeuge, die vorzugsweise mit einer bestimmten Hand bedient werden müssen, ein Problem darstellen.

Beim Erlernen des Umgangs mit Gegenständen, besonders auch mit Werkzeug, übt man Bewegungsabläufe ein, die man sich merkt und in Bewegungszentren im Gehirn abspeichert, um sie bei Bedarf wieder abrufen zu können. Im Laufe der Zeit wird so aus einer ungelernten Bewegung eine gelernte und es entsteht eine automatisierte motorische Leistung (Willkürmotorik). Auf diese greift man dann zurück, wenn man eine Bewegung ausführen möchte. Die Bewegung wird im Gehirn zunächst geplant, dann programmiert und weiter über die Nervenbahnen an die Muskeln zur Durchführung geleitet. Ungelernte Bewegungen (nicht gekonnte) unterscheiden sich in den Gehirnablaufprozessen von der automatisierten (gekonnten) Bewegung. Sogar die Reaktionszeiten unterscheiden sich: Automatisierte Bewegungen haben eine etwas längere Reaktionszeit, weil zu Bewegungsbeginn das gesamte Bewegungsprogramm fertiggestellt sein muss. Hier wird also direkt das Timing der Motorik programmiert, das zur gewünschten Bewegung führt. Die Bewegung wird dann von der Motorik ausgeführt (Prozess-Kontrolle). Bei kontrollierten (nicht automatisierten) Bewegungen ist die Reaktionszeit kürzer, weil man während der Bewegungsausführung nachregelt. Hier wird die Bewegungsform programmiert und kontrolliert. Die Bewegung wird hier propriozeptiv (der Tiefenwahrnehmung des eigenen Körpers entsprechend) oder visuell kontrolliert (Detail-Kontrolle).

Wenn man eine Bewegung gelernt hat, dann entscheiden Genauigkeitsansprüche und Interpretation der Aufgabe über den Modus, mit dem man die Bewegung ausführt. Daher ist es wichtig, Bewegungsabläufe und den Gebrauch von Gegenständen und besonders von Werkzeug von Anfang an möglichst optimal zu erlernen. Um ungünstige, aber schon automatisierte Bewegungsabläufe zu verändern, müssen die gelernten zuerst sozusagen gelöscht und mit bewusster Motorik (ungelernter Motorik) überdeckt oder ausgetauscht werden, bis sie in neue, gut automatisierte Bewegungsabläufe übernommen werden können.

Übertragen auf das Thema Händigkeit müssen dem links- oder rechtshändigen Kind von Anfang an z.B. gut funktionierende Links- oder Rechtshänderscheren und die entsprechenden Schneidevorlagen zur Verfügung stehen. Außerdem muss ein mit dem Thema Links- und Rechtshändigkeit gut vertrauter Pädagoge dem Kind zur Seite stehen, um mit ihm den Umgang mit dem asymmetrischen Werkzeug und den passenden Schneidevorlagen seiner Händigkeit entsprechend einzuüben.

Das Gleiche gilt für die Stifthaltung und für die Lage des Mal- und Schreibblattes. Hier ist schon von Anfang an bei linkshändigen Kindern mehr Aufmerksamkeit aufzubringen, um dafür zu sorgen, dass es später nicht zu der sogenannten Hakenhaltung von oben kommt. Sonst wischt das Kind, wenn es mit dem Füller zu schreiben beginnt, mit der Schreibhand von oben gehalten über das gerade Geschriebene und die Tinte verschmiert. Im Folgenden werden die Gegenstände und Handlungsabläufe verstärkt aus dem Gesichtspunkt der linkshändigen Kinder beschrieben und abgebildet.

Gebrauchsgegenstände und ihre Benutzung für linkshändige Kinder zu Hause, im Kindergarten, in der Schule und im Haushalt

In diesem Abschnitt wird auf notwendige und/oder sinnvolle Gebrauchsgegenstände hingewiesen. Es kann jedoch nur eine kleine Auswahl sein. Im Literaturverzeichnis finden sich weitere Angaben. Auch das Internet bietet inzwischen eine Fülle von Anregungen.

Notwendige und sinnvolle Gebrauchsgegenstände für das linkshändige Kind zu Hause, im Kindergarten und in der Schule

- Schere für Linkshänder
- Spitzer für Linkshänder
- Mal- bzw. Schreibtisch-Auflage für Linkshänder aus Papier (Block) oder farbigem Kunststoff (ohne Anlageschiene/-lineal)
- dreieckige Wachsmalkreiden
- Schreiblernstifte mit Bleistiftminen, z.B. von Lamy, Stabilo, Pelikan
- Füller
- Tintenroller
- Computermaus
- Lineale (mit Vorbehalt)

Notwendige und sinnvolle Gebrauchsgegenstände für das linkshändige Kind im Haushalt

- Kartoffel- bzw. Gemüseschäler
- Dosenöffner
- Brotmesser für ältere Kinder
- Taschenmesser wäre sinnvoll
- Gemüsemesser
- Tassen (wenn sie einseitig dekoriert sind)

Hinweise zum Schneiden

Schneiden mit der Schere ist ein Beispiel für automatisierte Motorik (Willkürmotorik).

Die Arbeitsrichtung des Linkshänders beim Schneiden ist im Uhrzeigersinn und die des Rechtshänders ist gegen den Uhrzeigersinn.

Mit der üblichen Schneidehand und der nicht gewohnten Schere eine der beiden abgebildeten Schlangen für die gegenteilige Händigkeit als die eigene auszuschneiden und sich um Genauigkeit zu bemühen, bringt viele Menschen an ihre Grenze. Man verlässt die automatisierten Abläufe, das verursacht Stress und bei manchen sogar Schwindelgefühle.

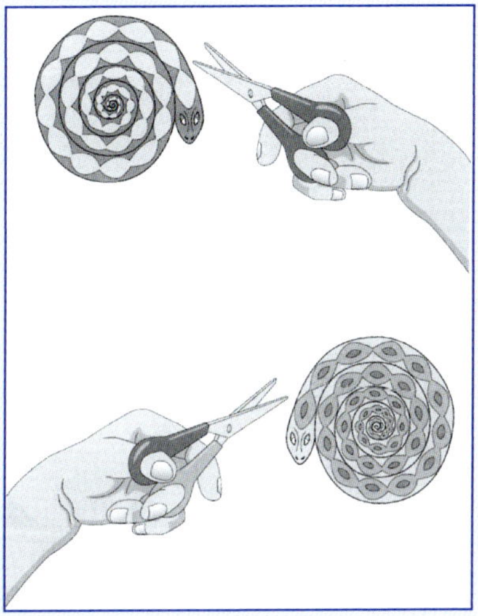

Haltung der Schere in der linken und der rechten Hand und Ansatzpunkte zum Schneiden einer Spirale (Sattler, 2003)

Definition einer Links- und einer Rechtshänderschere: Eine Linkshänderschere unterscheidet sich von einer Rechtshänderschere durch die unterschiedliche Anordnung der Schneideblätter. So ist bei einer offenen Linkshänderschere das sich nach oben öffnende Schneideblatt das linke, bei einer Rechtshänderschere umgekehrt das rechte. Schaut man beim Schneiden von der Mitte her in die Schere hinein, wird das Papier ungestört hinter dem Handrücken nach unten geführt.

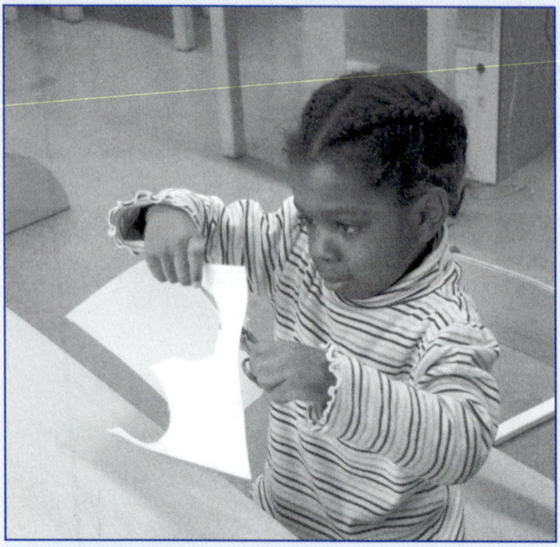

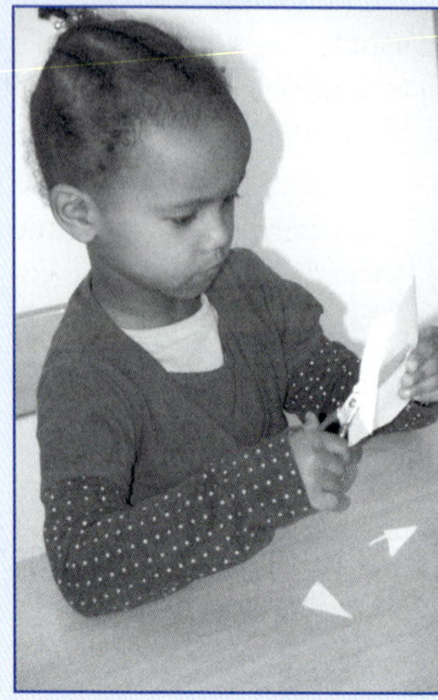

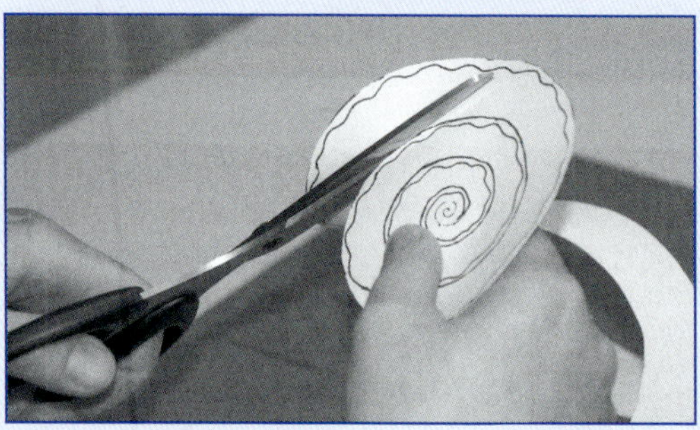

Linkshänder und Rechtshänder beim Schneiden, wobei das Blatt an der Außenseite der Schere herunterfällt

Wegen der asymmetrischen Anordnung der Schneideblätter kann es auch keine Schere geben, die für Linkshänder und Rechtshänder gleich gut geeignet ist. Solche angeblichen „Beidhänderscheren" als Angebote sind entweder gut geschliffene Rechtshänderscheren oder es sind Scheren, die man umbauen kann. Sie sind jedoch für eine abwechselnde Benutzung durch einen Linkshänder und einen Rechtshänder nicht vorteilhaft, weil bald nicht mehr umgebaut wird und einer die für ihn unpassende Schere benutzen muss.

Gerade bei der Schere passiert es öfter, dass sich linkshändige Kinder durch Nachahmung und Modellverhalten zuerst an eine Rechtshänderschere in der linken Hand gewöhnen, weil vielleicht kein Linkshändermodell zur Verfügung steht. Später lehnen sie dann eine Linkshänderschere ab, weil sie bereits die Hand-Auge-Koordination automatisiert haben. Sie haben sich daran gewöhnt, von welcher Seite sie in die Schere schauen und wie sie die Hand dabei halten müssen. Diesen Kindern kann man eventuell dadurch helfen, dass man sie mit einer guten Linkshänderschere viele Spiralen schneiden lässt und dabei auf die entsprechende Haltung und Blickrichtung achtet. Es wäre jedoch viel sinnvoller, Zeit und Aufmerksamkeit in das rechtzeitige Erlernen einer guten Haltung beim Schreiben zu investieren.

Ein Argument für die passende Schere zur jeweiligen Hand ist jedoch, dass man besser Bögen schneiden kann und dass beim Schneiden von dickerem Material (Pappe, Folien, Stoff, Äste) dieses mehr gedrückt als geschnitten wird. Man kann hier zwar mit einem starken Gegendruck etwas ausgleichen, aber der Schnitt wird nicht so scharf und genau, wie mit der zur Hand passenden Schere.

Hinweise zum Spitzen mit links

Bei Drehbewegungen aus der Hand heraus, also vom Körper weg, haben wir mehr Kraft und Geschicklichkeit. Daher gibt es verschiedene Werkzeuge auch für Linkshänder, die das berücksichtigen. Dazu gehört der Spitzer. Es ist sinnvoll, einem Kind frühzeitig einen seiner Händigkeit entsprechenden Spitzer zu geben. Der Spitzer wird mit der rechten Hand festhalten und das Schneideblatt nach unten gerichtet, der Stift wird mit der linken Hand vom Körper weg gedreht.

Aissaton und Suman beim Spitzen

Es gibt inzwischen auch für das linkshändige Kind eine bunte Auswahl an Spitzerdosen mit oder ohne Abbildungen.

Hinweise zum Mal- und Schreibmaterial für Linkshänder

Sinnvoll und notwendig für das linkshändige Kind ist auch eine passende Mal- und Schreibtischauflage mit Hinweisen zur guten Blattlage und Handhaltung, um später eine sogenannte „Hakenhaltung" von oben beim Schreiben zu vermeiden.

Empfehlenswert ist es, die allgemeinen Angebote im Fachhandel zu nutzen und darauf zu achten, dass der Hintergrund der Unterlage möglichst schlicht gehalten ist. Eine unruhige Gestaltung z.B. mit Tieren oder Blumen, die nichts mit dem Schreiblernprozess zu tun haben, lenkt von der eigentlichen Tätigkeit des Malens und des Schreibens ab und provoziert Aufmerksamkeitsprobleme (Genaueres siehe bei „Eine lockere Mal- und Schreibhaltung für Linkshänder – Hinweise zum Malen und Schreiben").

Hanna und Gregor beim Einüben einer lockeren Schreibhaltung

Rechtshändige Kinder wünschen sich manchmal auch eine Mal- und Schreibtischauflage. Entweder bastelt man diese selbst oder man bietet dem Kind eine entsprechende Unterlage mit Hinweisen zur Blattlage beim Rechtshänder mit einer sehr dezenten Schräglage des Blattes nach links an. Eine derartige Unterlage gibt es auch im qualifizierten Fachhandel (DESK PAD RIGHTY©).

Zum Malen benutzen links- und rechtshändige Kinder anfangs Wachsmalblöcke und -stifte. Dann sollten aber bald Buntstifte angeboten werden. Empfehlenswert sind dreieckige und möglichst weiche, qualitativ hochwertige, nicht zu dünne Bunt- und Bleistifte, die besonders dem linkshändigen Kind helfen, eine nicht zu steile Stifthaltung einzuüben. Dadurch wird auch die spätere Hakenhaltung von oben vermieden.

Stiftaufsätze erleichtern es den Kindern, einen guten Dreifingergriff einzuüben. Auch hier empfehlen sich dreieckige Stiftaufsätze, die den Dreifingergriff gut anleiten, oder symmetrische Grips, die relativ weich sind und nachfedern und klare Vorgaben für die zukünftigen drei Schreibfinger geben.

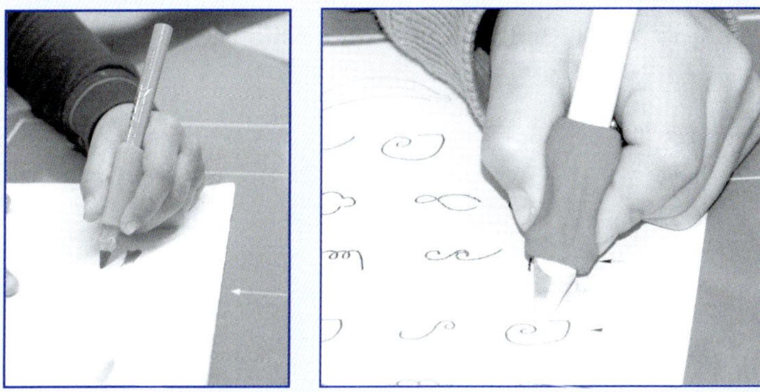

Stiftaufsätze

Füller für Linkshänder unterscheiden sich durch asymmetrische Griffmulden und eine etwas anders abgeflachte Feder von solchen für Rechtshänder. Frühzeitig, möglichst schon von Schulbeginn an, einen Linkshänderfüller zu benutzen, ist ein natürliches Biofeedback (biologische Rückmeldung) und verhindert wirksam die Hakenhaltung beim Schreiben. Die Kinder bekommen so rechtzeitig eine Rückmeldung über das Problem, die Tinte zu verwischen und haben sich noch nicht so stark an eine bestimmte Schreibhaltung gewöhnt, wie am Ende der ersten Klasse. Besonders für linkshändige Kinder ist es sinnvoll, bereits in der Vorschulzeit mit einem Füller z.B. Nachspur- und Schwungübungen auszuführen, um sich frühzeitig eine passende Schreibhaltung anzugewöhnen bzw. diese vorzubereiten. Kinder lernen dann rechtzeitig den angemessenen Druck der Feder auf das Papier kennen und gewöhnen sich keinen zu starken Druck an, der durch zu harte Buntstifte oft eingeübt wird. Ein „Füllerführerschein", womit Zweitklässler inzwischen oft konfrontiert werden, erübrigt sich dann.

Tintenroller sind für linkshändige Kinder nicht von Anfang an zu empfehlen. Zwar trocknen sie durch den feineren Tintenfluss schneller und die Tinte wird nicht so leicht verwischt, jedoch werden die Kinder dann nicht rechtzeitig vor dem Verwischen der Tinte gewarnt. Wenn das linkshändige Kind sich jedoch schon eine Schreibhaltung angewöhnt hat, in der es zum Verwischen der Tinte kommt, und es nicht mehr fähig ist, die Haltung zu ändern, ist der Tintenroller eine sinnvolle Hilfe und Alternative.

Für die Arbeit am PC steht die Computermaus auf der linken Seite. Sie ist idealerweise ergonomisch neutral geformt und sollte ein langes Kabel haben, damit der Standort leicht gewechselt werden kann, wenn links- und rechtshändige Kinder am gleichen Computerplatz arbeiten. Eine Funkmaus ist sinnvoll. Ergonomisch geformte Computermäuse schließen automatisch den Gebrauch mit der anderen Hand aus. Sie sind sicher bequem, erfordern aber eine andauernde Anpassung, wenn links- und rechtshändige Menschen am gleichen Computer arbeiten.

Eine weitere Alternative sind Touchpads beim Notebook.

Eine Umstellung der Belegung der Tasten kann im Einzelfall sinnvoll sein. Der linke Mittelfinger kann jedoch durchaus die Funktion des rechten Zeigefingers übernehmen, allerdings ist beim Ansagen von Fingerbewegungen auf die umgekehrte Nennung von Zeige- und Mittelfinger zu achten.

Bei Computertastaturen für Linkshänder ist der Zahlenblock auf der linken Seite. Das ist sinnvoll, wenn man beruflich viele Zahlen eingeben muss. Es gibt extra Zahlenblöcke, die zusätzlich angeschlossen werden können und dann frei aufstellbar sind. Weitere Umstellungen bei der Computertastatur sind nicht notwendig.

Das Linkshänderlineal zählt von der anderen Seite, also von rechts nach links, weil das die Richtung ist, in die der Linkshänder einfacher Striche ziehen kann und nicht schieben muss. Viele Linkshänder machen das auch mit dem Rechtshänderlineal so, müssen dann aber quasi von hinten zählen. Wenn ein Linkshänderlineal benutzt wird, müssen in der Schule anfangs unbedingt zusätzliche Hinweise gegeben werden. Für Kinder mit Raum-Lage-Problemen und legasthenischen Schwierigkeiten ist das Linkshänderlineal ungeeignet. Eine Alternative ist das Geodreieck, weil dieses einerseits für alle Kinder erklärungsbedürftig ist und andererseits der Linkshänder sich beim Abmessen seine Richtung selbst aussuchen kann.

Der Collegeblock mit der Spirale an der rechten Seite oder oben ist so gestaltet, dass man den linken Arm richtig auflegen kann und der Schreibfluss durch keine Spirale behindert wird.

Hinweise zu Gebrauchsgegenständen im Haushalt für Linkshänder

Im Haushalt sind Kartoffel- bzw. Gemüseschäler häufig asymmetrisch geformt. Folglich ist für das linkshändige Kind ein entsprechendes Gerät anzuschaffen und dessen Gebrauch zu erklären und einzuüben. Es gibt auch zweischneidige Gemüseschäler, die für das Ausprobieren geeignet sind. Wenn die Eltern aber mit einem asymmetrischen Gerät arbeiten, ist darauf zu achten, dass auch für das linkshändige Kind ein solches vorhanden ist.

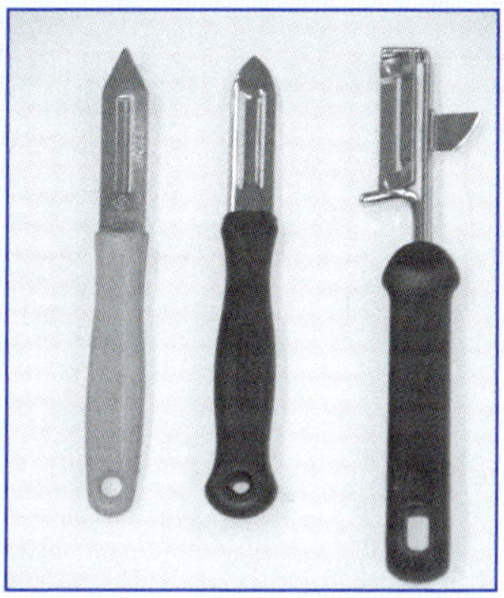

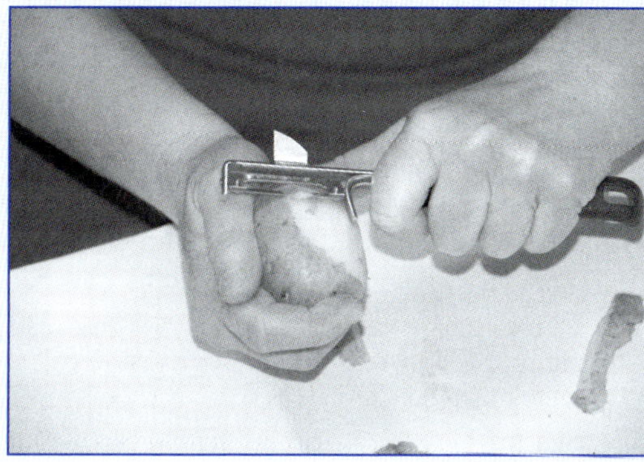

Kartoffel- bzw. Gemüseschäler

Auch bei Dosenöffnern gibt es spezielle Versionen für Links- und für Rechtshänder. Sie unterscheiden sich in der Drehrichtung des Flügels.

Dosenöffner, bei denen von oben die Schraube gedreht wird, können in beide Richtungen bedient werden.

Dosenöffner, bei denen die Schraube von oben (a) und von der Seite (b) gedreht werden kann

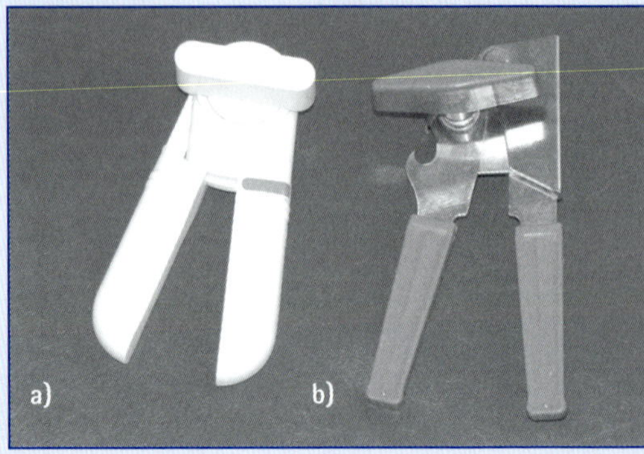

Viele Brotmesser haben auf einer Seite einen Wellenschliff und beim Schneiden mit dem unpassenden Messer kommt es zu ergonomisch ungünstigen Druckverhältnissen. Manche Menschen gleichen das durch Gegendruck aus, aber die Brotscheibe wird trotzdem unregelmäßig dick. Das Brotmesser für den Linkshänder hat den Wellenschliff auf der linken Seite bei Sicht von oben.

Bei einem Taschenmesser für Linkshänder sollte die Kerbe so angebracht sein, dass der linke Daumen beim Herausziehen des Messers in der Kerbe Halt findet. So kann das Messer beim Öffnen vom Körper weg gehalten werden. Diese Taschenmesser gibt es meist erst für Jugendliche, daher wäre eine Anpassung des Messers für Kinder sinnvoll.

Gemüsemesser haben ebenfalls oft einen einseitigen Schliff und sollten für den Linkshänder auf der linken Seite geschliffen sein.

Im Haushalt gibt es verschiedene Geräte mit Kurbeln oder anderen Drehvorrichtungen, wie z.B. Pfeffer-, Salz- und Kräutermühlen oder auch Kurzzeitwecker in der Küche. Diese haben meist auch die vorgegebene Richtung im Uhrzeigersinn und sind so günstiger für Rechtshänder.

Arbeitsplatzhinweise und weitere Hilfestellungen beim Hantieren mit links in Kindergarten, Schule und im Haushalt

Beim Arbeitsplatz des Linkshänders ist zu beachten

- Sitzplatz mit Armfreiheit links
- Lichteinfall von rechts
- Schubladen wenn möglich links
- Ablagekorb links
- Papierkorb möglichst links
- Arbeitsrichtung beim Abwasch ist nach rechts und Arbeitsflächen im Haushalt sind links

Der Arbeitsplatz

Damit Links- und Rechtshänder sich beim Hantieren, Malen und Schreiben nicht in die Quere kommen, braucht das linkshändige Kind auf der linken Seite Armfreiheit und das rechtshändige Kind rechts. Das ist am Esstisch zu Hause ebenso wichtig wie in der Schule. Ansonsten kann es leicht Unruhe oder kleine Unfälle geben, wie umgekippte Becher und allgemeines Unwohlsein.

Auch auf den Lichteinfall am Arbeitsplatz ist zu achten: Für das linkshändige Kind kommt das Licht von rechts. In der Schule ist das kaum möglich, weil viele Klassen mit Licht von links eingerichtet sind. Dann ist es wichtig, frühzeitig das Oberlicht anzumachen. Das linkshändige Kind sollte nicht in der allerhintersten Ecke links vom Lehrer aus gesehen sitzen.

Schubladen werden möglichst auf der linken Seite angebracht; der Ablagekorb für Unterlagen und der Papierkorb sollten links stehen. Der Ranzen sollte links am Tisch aufgehängt werden können.

In der Küche sollten auch Arbeitsflächen auf der linken Seite vorhanden und gut erreichbar sein. Die Arbeitsrichtung beim Abwasch durch einen Linkshänder ist von links nach rechts. Die rechte Hand holt sich das Geschirr von links, gebürstet wird es mit links und die rechte Haltehand legt das saubere Geschirr rechts auf dem Abtropfbrett ab.

Auf den Einbau von Mischwasserhähnen ist sowohl in der Küche als auch im Bad zu achten. So wird vermieden, dass der Linkshänder das heiße Wasser (der Heißwasserhahn ist in der Regel links) aufdreht.

Hilfestellungen beim Hantieren mit der linken Hand

Hilfestellungen beim Hantieren

- Hilfestellungen setzen unbedingt eine Reflexion der eigenen Händigkeit voraus
- Handhaltung und Handführung sind entsprechend der Händigkeit des Kindes zu geben
- Spiegelbild
- gegenüber sitzen oder stehen

Bevor man ein Kind mit einer anderen Händigkeit als der eigenen anleitet, ist eine Reflexion der eigenen Händigkeit notwendig.

Viele Abläufe hat man schon früh in der Familie gelernt und hat sich dort oft bereits an Handlungsabläufen für die andere Händigkeit orientiert und diese automatisiert, ohne dass es einem bewusst ist, dass dieser Ablauf nicht zu der eigenen Händigkeit passt. Meist setzt sich dann die eigene Händigkeit jedoch in Zusatzbewegungen durch, die vom Ablauf her eigentlich nicht so sinnvoll sind, aber die Handführung entsprechend der anderen Händigkeit anpassen und so das Hantieren mit der nicht dominanten Hand kompensieren. Dieses Phänomen kann man besonders gut bei den verschiedenen Arten, eine Schleife zu binden, beobachten.

Einem Kind sollten Handhaltung und Handführung immer entsprechend seiner Händigkeit gezeigt werden. Dabei sollte man darauf achten, dass die Führungshand die anspruchsvollere Tätigkeit übernimmt und die Halte- oder Hilfshand geschickt die zuarbeitenden Tätigkeiten durchführt.

Manche Kinder können von einem ihnen gegenüber sitzenden Menschen, der mit der anderen Führungshand hantiert, die Abläufe übernehmen. Viele Kinder brauchen aber zeitweise eine Handführung und genauere Vorgaben der Handhaltung durch den Erwachsenen. Manchmal hilft auch ein neben der anleitenden Person aufgestellter Spiegel, um darin die Handlungsabläufe für den anderen Handgebrauch richtig beobachten und bei der Anleitung anpassen zu können.

Videoaufnahmen mit guten Anleitungen für Handarbeiten und Basteln mit links sind leider noch sehr selten. Im Internet sind sie besonders auf englischsprachigen Seiten zu finden. Es wäre jedoch sinnvoll, komplizierte Abläufe im Spiegel aufzunehmen und sich als Anleitender über die eigenen Abläufe klarer zu werden, um dem linkshändigen Kind besser Hilfestellungen geben zu können.

Hilfestellungen beim Handarbeiten und Basteln mit der linken Hand

Beim Basteln und Handarbeiten ist immer wieder auf die umgekehrte Arbeitsrichtung zu achten und darauf, dass die dominante Hand die Führungsaufgaben übernimmt. Manche Bastelarbeiten können einfach umgedreht werden, bei anderen ist eine umgekehrte Vorlage notwendig. Besonders eindringlich wurde das bereits beim Schneiden deutlich. Übungsblätter zum Schneiden für linkshändige Kinder kann man leicht selbst herstellen oder auf Fachliteratur zurückgreifen.

Hilfestellungen beim Handarbeiten und Basteln

- Sticken und Nähen in der Regel von links nach rechts (außer Hexenstich, Schlingstich und z.T. waagerechter Kreuzstich)
- Kordel drehen
- Tundeln/Scoubidou (Flechtbänder)
- Strickliese: Häkelnadel in der linken Hand, den Faden über den rechten Zeigefinger führen und Arbeitsrichtung gegen den Uhrzeigersinn
- Häkeln und Stricken von rechts nach links
- Bastelanleitungen (die in der Regel ausschließlich für Rechtshänder dargestellt sind)
- Rundweben und Arbeit mit Peddigrohr im Uhrzeigersinn

Beim Kneten mit Knetmasse oder Ton sind zunächst keine asymmetrischen Abläufe zu beachten. Im Gegenteil, die dominante Hand kann ungehindert aktiv werden. Selten haben Modulierhölzchen eine asymmetrische Abschrägung, die ungünstig für Linkshänder ist. Erst bei der Töpferscheibe ist die Drehrichtung zu beachten, die aber meist umgestellt werden kann, damit die dominante Hand die aktivere Arbeit beim Modulieren durchführen kann.

Die Arbeitsrichtung beim Nähen und Sticken ist für Linkshänder in der Regel von links nach rechts, außer beim Hexenstich, Schlingstich und z.T. waagerechten Kreuzstich.

Beim Kordeldrehen ist zu beachten, dass wegen der meist gleichläufigen Drehrichtung der Wollfäden und der Drehrichtung des Linkshänders nach außen, vom Körper weg, die Fäden zunächst aufgedreht und dann wieder zusammengedreht werden. Das linkshändige Kind braucht daher länger und das Ergebnis ist meist lockerer als bei rechtshändigen Kindern.

Bei Bastelarbeiten der zeitweise sehr beliebten Flechtbänder (Tundeln/Scoubidou) muss darauf geachtet werden, dass mit der linken dominanten Hand die in der nicht dominanten rechten Hand liegenden Fäden geflochten werden.

Kinder beginnen oft mit der Strickliese oder mit Fingerhäkeln erste Wollschläuche herzustellen und auch da läuft der Faden über den Zeigefinger der nicht dominanten Hand, während die Führungshand mit dem Überziehen des Fadens beschäftigt ist oder die Nadel hält. Auch beim Häkeln sollte diese Aufteilung der Handaktivitäten beibehalten werden.

Zum Handgebrauch beim Stricken gibt es unterschiedliche Meinungen. Es gibt auch sehr verschiedene Arten zu stricken und es ist nicht immer ganz klar, wie stark hier eine Hand in Führung geht. In vielen Lehrplänen für Grundschulkinder ist Stricken nur noch ein Wahlfach und die Lehrer können auf andere Fertigkeiten einen Schwerpunkt legen. Trotz allem sollten, wenn möglich, mit der dominanten Hand die Maschen über den Faden gehoben werden. Zur genaueren Erläuterung weisen wir auf die Fachliteratur hin.

Der klassische Webrahmen lässt beide Hände gleichberechtigt agieren. Doch beim Rundwebrahmen arbeitet das linkshändige Kind mit dem Uhrzeigersinn.

Beim Flechten von Peddigrohr ist darauf zu achten, dass die Arbeitsrichtung des Linkshänders im Uhrzeigersinn ist und beim Rechtshänder gegen den Uhrzeigersinn.

Das Binden einer Schleife ist eine Kulturtechnik, die wir sehr stark von außen übernehmen und gezeigt bekommen. Gleichzeitig erfordert Schleifebinden viel Aktivität mit beiden Händen. Günstiger ist es, wenn die nicht dominante Hand die Schlaufe hält und die dominante das Band herum legt und dann durchschiebt. Eine Pseudo- oder „Ohrenschleife" – ein Knoten, zwei Schlaufen, aus denen wieder ein Knoten gemacht wird – hilft manchem Kind aus der Not, wenn es keine klare Vorstellung von einer Schleife entwickeln kann, weil ihm z.B. von seinen Bezugspersonen verschiedene Arten gezeigt wurden und es völlig verwirrten.

Hilfestellung beim Essen und Trinken

Der Essplatz des linkshändigen Kinds

- Solange der Handgebrauch unklar ist, liegt das Besteck mittig im leeren Teller.
- Bei eindeutiger Linkshändigkeit liegen Messer und Gabel links oder die Gabel gespiegelt zur Gabel des Rechtshänders.
- Der Löffel liegt mit dem Griff nach links.
- Becher und Glas stehen auf der linken Seite.

Es gibt verschiedene Arten, das Besteck zu benutzen. Werden Messer und Gabel gleichzeitig verwendet, variiert auch bei Rechtshändern die Benutzung. Das hängt sehr von der individuellen Lernerfahrung ab. Viele Kinder benutzen anfangs die Gabel bzw. den Löffel in der dominanten Hand und nehmen erst später das Messer dazu. Manche wechseln dann die Gabel in die nicht dominante Hand und andere behalten sie in der dominanten Hand und benutzen das Messer mit der Hilfshand. Das ist der Grund, warum häufig auch Rechtshänder das Messer links halten und nicht gleich an eine umgeschulte Linkshändigkeit gedacht werden darf.

Tasse oder Glas stehen beim Linkshänder auf der linken Seite. Eine spezielle Tasse für Linkshänder ist unnötig, jedoch sollten dekorierte Tassen rundum verziert sein und nicht nur auf der Seite, die sichtbar ist, wenn man die Tasse mit der rechten Hand hält. Das ist leider bei vielen Kindertassen so, besonders, wenn ein Name darauf steht. Auch anspruchsvoller dekorierte Tassen für Erwachsene sind meist nur für Rechtshänder konzipiert, sei es die Form des Henkels oder die Dekoration an der Innenseite.

Besteck für linkshändige Kinder wird im Fachhandel angeboten. Damit sind nicht gebogene Babylöffel gemeint, auf die man ganz verzichten sollte, sondern auf der linken Seite geschliffene Messer. Es gibt auch andersherum gekröpfte Fischmesser. Sie sind allerdings nur dann sinnvoll, wenn der Linkshänder gewohnheitsgemäß das Messer beim Essen mit Messer und Gabel in der linken Hand benutzt.

Spielzeug und Bilderbücher

Spielzeug sollte sowohl links- als auch rechtshändige Kinder in ihren spezifischen Bedürfnissen berücksichtigen. Zum Beispiel sollten Kurbeln, Türen und Griffe so angebracht werden, dass sie von beiden Seiten gut zu erreichen und sicher funktionsfähig sind.

Bei asymmetrisch angebrachten Zeichen, z.B. in den Ecken von Spielkarten, können linkshändige Kinder die Karten im Fächer oft nicht adäquat erkennen und so besteht keine Chancengleichheit im Spiel.

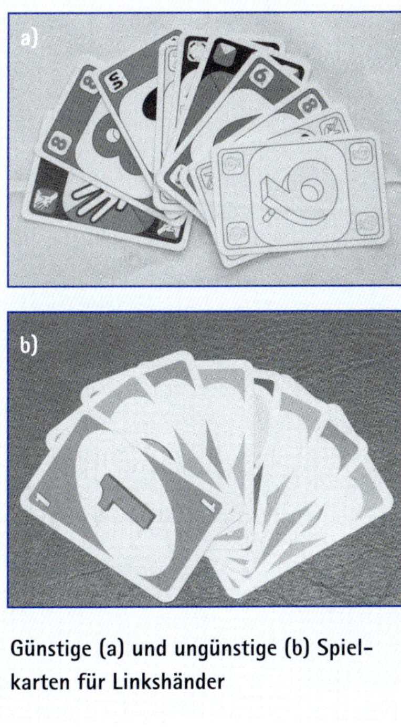

Günstige (a) und ungünstige (b) Spielkarten für Linkshänder

Einmal im Jahr, zum internationalen Linkshändertag am 13. August, wird

Spielzeug, das auch linkshändige Kinder nicht benachteiligt, prämiert. Veröffentlicht wird die mit einem Label ausgezeichnete Anerkennung auf der Homepage der „Ersten deutschen Beratungs- und Informationsstelle für Linkshänder und umgeschulte Linkshänder". Dort findet man auch die bisherigen Begründungen der seit 2002 vergebenen Auszeichnung.

Bei Bilderbüchern mit Bildgeschichten von links nach rechts ist zu beachten, dass linkshändige Kinder oft die umgekehrte visuelle Verarbeitungsrichtung bevorzugen. Bei Bildgeschichten, die in der anderen Richtung aufgebaut wurden, erschließt sich ihnen oft nicht sofort der Sinn und sie haben dann häufig keine Freude an diesen Büchern. Auch ist bei Bilderbüchern zu beachten, dass die hinter einer Seite angebrachten Drehvorrichtungen, mit denen Szenen in einem Bildausschnitt verändert werden können, nicht nur auf der rechten Seite zu bewegen sein sollten. Eine Bewegungsvorrichtung am unteren Rand wäre für beide Hände gut erreichbar.

Eine lockere Mal- und Schreibhaltung für Linkshänder – Hinweise zum Malen und Schreiben

Die lockere Mal- und spätere Schreibhaltung von klein auf zu fördern, ist nicht nur für das linkshändige Kind bedeutsam. Dabei ist wichtig, dass sich die Kinder akzeptiert fühlen. Dazu ist die Entwicklung von Fingermotorik und Handgeschicklichkeit zu berücksichtigen: Viele Kinder beginnen im Alter von 12 bis 15 Monaten spontan zu kritzeln. Sie halten den Stift meist im sogenannten Faustgriff. Die Kleinkindhand ist noch nicht voll ausgeformt, die Mittelhandknochen liegen noch weit auseinander. Die beginnende Verknorpelung der Handwurzelknochen ermöglicht in den ersten Lebensjahren eine immer stabilere Stifthaltung und exakt gesteuerte Fingerbewegungen (Schorch, 2003). Mit 15 bis 18 Monaten können viele Kinder dann allein mit dem Löffel essen und bei Spielhandlungen setzen sie z.B. Figuren in Spielzeug oder Stäbe in Holzigel. Schon zu dieser Zeit ist bei vielen Kindern eine dominante Hand deutlich zu erkennen.

Dann beginnen die Kinder dynamisch zu kritzeln, oft noch im Pfötchengriff (dabei umfassen alle Fingerkuppen den Buntstift), und schlagen den Stift mit Wucht auf das Papier.

In der nächsten Zeit werden die Malbewegungen feiner und zunehmend über das Handgelenk gesteuert. Die Stiftführung wird sicherer und es entstehen Spiralen. Den Kleinen sollten verschiedene Malwerkzeuge, wie Wachsmalblöcke, dreieckige Wachsmalstifte und dicke Buntstifte, angeboten werden.

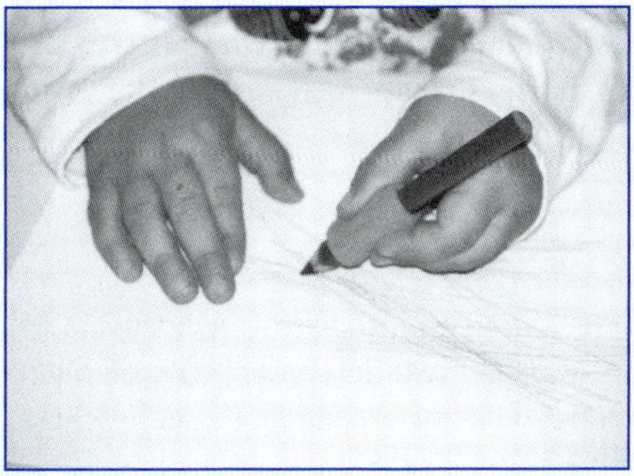

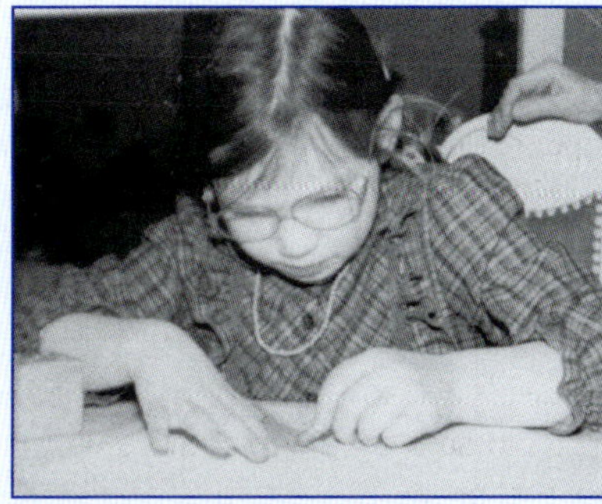

Kleine Kinderhände beim Malen

Zeigt sich bei Kindern eine deutliche Linkshändigkeit, sollte bereits zu diesem Zeitpunkt eine Mal- bzw. Schreibtischunterlage benutzt werden, auf der die nach rechts gekippte Blattlage markiert ist. So wird eine gute Schreibhaltung rechtzeitig angebahnt und zur visumotorischen Gewohnheit.

Mit drei bis dreieinhalb Jahren wird die Stifthaltung sicherer und die Kinder beginnen im Dreipunktgriff zu malen. Dabei wird der Stift zwischen Daumen und Zeigefinger gehalten und liegt auf dem Mittelfinger auf.

Mit dreieinhalb bis vier Jahren malen viele Kinder bereits erste Kopf- oder Gliederfüßler. Es ist ein sehr sensibles Alter, was die Entwicklung einer positiven, selbstbewussten Malhaltung betrifft. Ebenso wie man von klein auf die gute Haltung beim Essen einübt, sollte auch beim Malen rechtzeitig auf die gute Stifthaltung und Blattlage geachtet werden. Das bedeutet für linkshändige Kinder ein frühzeitiges, konsequentes Hinweisen darauf, dass über das, was es zeichnet, im Sinne einer Vorwegnahme der späteren Schrift, nicht gewischt werden sollte.

Der Stift wird im Dreipunktgriff gehalten und das Stiftende sollte etwa in Richtung zum linken Ellenbogen zeigen. Um diese schräge Stifthaltung ausführen zu können, müssen die Kinder weiche Buntstifte benutzen.

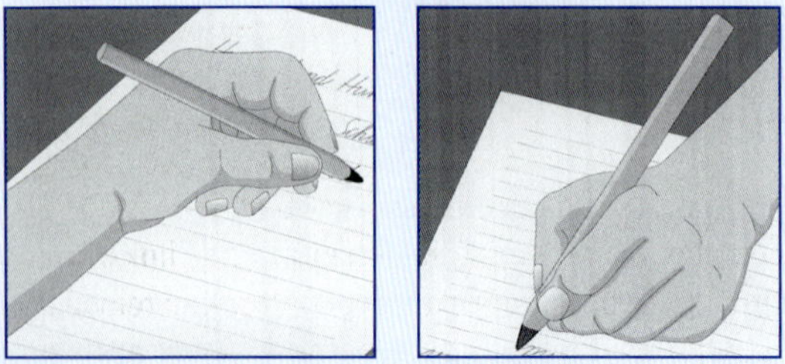

Lockere Hand- und Stifthaltung beim Schreiben mit der linken Hand. Ansicht vom Schreibenden und von gegenüber aus gesehen (Sattler, 2003)

Die Führung der linken Hand ist unter der Zeile. Unterarm und Handrücken bilden einen flachen Winkel; die Handkante liegt auf. Der Unterarm liegt bequem auf dem Tisch auf. Die Füße stehen fest auf dem Boden oder auf einer Fußbank unter dem Tisch. Eine Murmel (Zaubermurmel), die mit dem linken Ringfinger und dem kleinen Finger umschlossen wird, gibt der Hand Halt (Tonusaufbau) und verhindert, dass diese Finger „hinten herausrutschen".

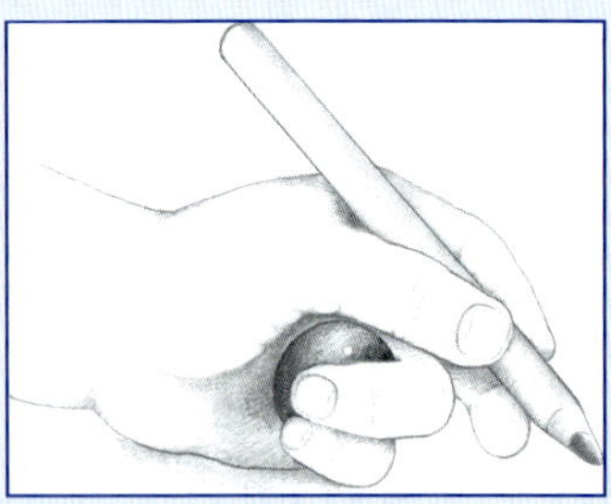

„Zaubermurmel" umschlossen von Ringfinger und kleinem Finger (Sattler, 2007)

Durch die Neigung des Blattes nach rechts wird die Haltung der Hand so gefördert, dass sie unter dem Geschriebenen liegt.

Sehr wesentlich ist dabei auch die Lage der rechten Hand, die am rechten Blattrand liegen soll. Wenn die Hand mitten auf das Papier gelegt wird, besteht Gefahr, dass sie beim Schreiben stört und das Kind versucht, um die Hand herum zu schreiben und so wieder in die Hakenhaltung von oben kommt. Bei rechtshändigen Schreibern hat das keine negativen Konsequenzen wie bei linkshändigen, denn der Rechtshänder zieht die Hand vom Körper weg und legt so automatisch die linke Haltehand am Rand ab.

Linkshändige Kinder können genauso gut schreiben wie rechtshändige Kinder. Das hat eine vierjährige Studie mit rechts- und linkshändigen Grundschülern ergeben, deren Schrift mit einem grafischen Tablett regelmäßig untersucht wurde (Sattler, Marquardt, 2010). Die Entwicklung automatisierter Schreibbewegungen links- und rechtshändiger Kinder verläuft parallel. Die Linkshänder waren weder langsamer noch weniger geschickt als die Gruppe der rechtshändigen Schülerinnen und Schüler. Es ließen sich keine generellen Unterschiede feststellen. Einen Unterschied zwischen den Gruppen gab es nur in der Zeit, als die Schreibschrift und der Füller eingeführt wurden: Der Schreibdruck der linkshändigen Kinder war in dieser Zeit deutlich höher. Das unterstützt die Überzeugung, wie wichtig es ist, rechtzeitig auf die Schreibhaltung der linkshändigen Kinder zu achten und ihnen frühzeitig die Chance zu geben, ihre Schreibqualität so selbstverständlich positiv zu entwickeln, wie es rechtshändige Kinder auch tun können. Allerdings benötigen gerade die linkshändigen Kinder dazu eine kompetente linkshandgerechte Unterstützung im Erstschreibunterricht. Eine Mal- oder Schreibtischauflage für Linkshänder kann dabei helfen, rechtzeitig eine entsprechende Haltung einzuüben. Die Blattlage kann individuell bis zu 40 Grad von der Vertikalen nach rechts gekippt werden.

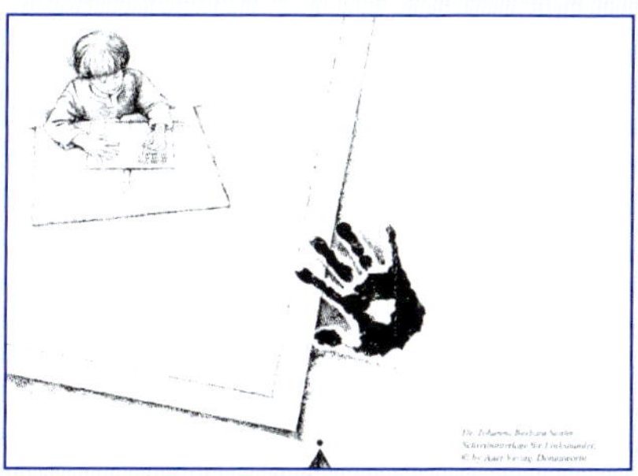

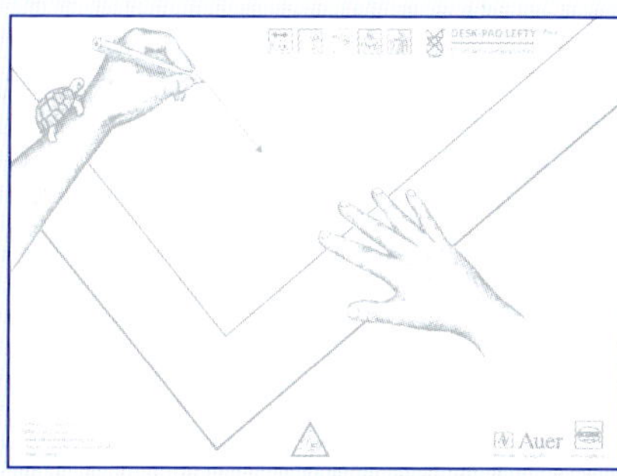

Schreibtischauflage für Linkshänder mit verschiedenen Neigungswinkeln der Blattlage (Sattler, 1996 c, und Sattler, 2011)

Es ist allerdings darauf zu achten, dass der Gebrauch der Schreibtischauflage vorsichtig eingeführt wird. Kinder, die zu unerwartet und rigide mit dieser Blattlage konfrontiert werden, wehren sich manchmal massiv und können sogar mit Übelkeit und Schwindelgefühlen darauf reagieren.

Eine ungünstige Schreibhaltung bei Linkshändern ist besonders die Hakenhaltung.

Auch das ganz gerade und mittig gelegte Blatt ist nicht so günstig für das linkshändige Kind, weil es bei der erwünschten Haltung des Stiftendes zum Ellenbogen den Oberarm eher an den Körper presst, als ihn locker an der linken Seite zu halten.

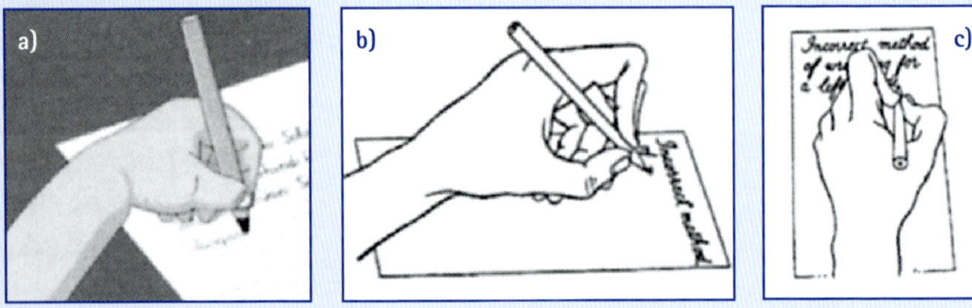

Ungünstige Handhaltungen
a) Verkrampfte Schreibhand in der Hakenhaltung „von oben" (Sattler, 2003); b) Schreiben gegen den Körper hin (Clark, 1957); c) Arm krampfhaft an die Seite gepresst (Clark, 1957)

Die optimale Haltung ist nicht für jeden gleich!

Auch für rechtshändige Kinder ist eine Schreibtischauflage mit Hinweisen zu Blattlage und Handhaltung sinnvoll und trägt dazu bei, dass sich keine der Gruppen ausgegrenzt fühlt (DESK PAD RIGHTY®, 2011).

Schwung- und Nachspurübungen sollen dem Kind frühzeitig helfen, eine günstige Schreibhaltung vorzubereiten und üben gleichzeitig die Fingerbeweglichkeit und grafomotorischen Fertigkeiten.

In dem unten aufgeführten Beispiel wird durch lockeres Nachspuren abgesetzter Schlaufen und anderer Formen die Schreibhaltung vorbereitet und automatisiert. Dabei kommt es nicht so sehr auf Genauigkeit an, sondern auf das schwungvolle Produzieren von kleinen Finger- und Handgelenksbewegungen. Zwischenzeilen, in denen die Formen wiederholt werden, sind sinnvoll und gelingen vielen Kindern schon in der Vorschulzeit. Die Frucht am Ende der Zeile soll ausgemalt werden. Dabei wechseln die Kinder noch mal den Buntstift, sie entspannen und spannen die Fingermuskulatur neu an. Außerdem bleibt die Hand beim Ausmalen der kleinen Form auf dem Blatt liegen, während sie beim Nachspuren unter der Zeile kontinuierlich mitgeführt werden muss.

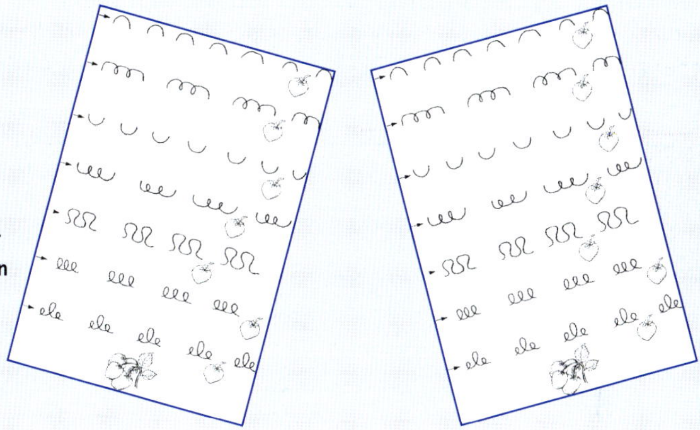

Neigung der Schreibvorbereitungsübungen für Linkshänder und für Rechtshänder (Sattler, 1996 b)

mit freundlicher Genehmigung des Auer Verlags, Donauwörth

Bei Schreiblehrgängen in der Schule ist darauf zu achten, dass für das linkshändige Kind Buchstaben und Worte auch am rechten Zeilenende vorgegeben werden. Das linkshändige Kind muss hier die gleichen Chancen haben wie ein rechtshändiges Kind auch, hierbei sollen Buchstaben ja erst einmal kopiert und nicht aus dem Gedächtnis heraus geschrieben werden. In jedem Fall muss darauf geachtet werden, dass das Kind immer links beginnt. Ein Pfeil oder Sternchen am linken Rand markiert den Zeilenbeginn. Ansonsten kann es geschehen, dass die Kinder rechts beginnen, sich eine falsche Schreibrichtung angewöhnen und niemand bemerkt es rechtzeitig.

Beim Erlernen der Buchstaben ist von Anfang an auf die vorgegebene Ausführung zu achten. Hier müssen sich linkshändige Kinder mehr anpassen als rechtshändige Kinder. Manche Abläufe gehen ihnen etwas gegen den Strich. Der Sinn dabei ist aber, sich die richtigen Abläufe einzuprägen, um später flüssig und flott schreiben und alle Buchstaben in der Schreibschrift schnell korrekt anbinden zu können.

Die meisten Druckbuchstaben nehmen die Formen der Schreibschrift vorweg und daher sind die vorgegebenen Richtungspfeile zu beachten. Auf der anderen Seite ist auch hier wieder daran zu denken, dass das in einer liebevollen Art geschehen soll und dass es manchmal bereits bei Schulbeginn sehr schwierig werden kann, wenn selbst beigebrachte falsche Buchstabenabläufe in der Schule umgeändert werden sollen. Es ist ratsam, Kinder in der Zeit zu unterstützen, in der sie beginnen, sich für Buchstaben zu interessieren. Das ist bei vielen Kindern bereits in der Kindergartenzeit der Fall.

In Schreiblehrgängen stehen Buchstaben und Worte auch am rechten Zeilenrand und der linke Zeilenanfang wird markiert

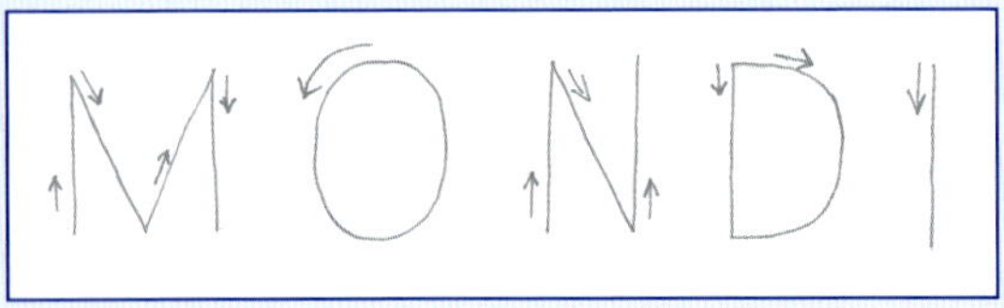

Beispiele für Buchstabenausführung

Musizieren mit links

Im praktischen Alltag stoßen Linkshänder beim Musizieren immer wieder auf Widerstand in unserer rechtshändig orientierten Gesellschaft. Für Eltern linkshändiger Kinder, die ein Musikinstrument spielen wollen, ergeben sich vielfältige Fragen: Gibt es spezielle Linkshänderinstrumente? Sind diese notwendig und sinnvoll? Gibt es Lehrer, die das Spielen linkshandgerecht unterrichten können?

Fachleute argumentieren gegenüber Eltern, dass bei den meisten Musikinstrumenten beide Hände benutzt würden und deshalb die Handhabung gleichgültig sei. Es wird selbstverständlich davon ausgegangen, dass ein linkshändiges Kind das Musikinstrument wie ein Rechtshänder handhaben könne, ohne dass sich Probleme dabei ergäben. Grundsätzlich gilt auch beim Umgang mit Musikinstrumenten, dass die dominante Hand die musikalisch anspruchsvollere Tätigkeit ausführen sollte. Es gibt für viele Musikinstrumente Linkshändermodelle oder Möglichkeiten, das Instrument umzubauen. In modernen Schlagzeugschulen z.B. wird mittlerweile häufiger auf das linkshändige Spielen eingegangen und für den erforderlichen Drumsetaufbau gesorgt. Selbst die Querflöte ist nun als Linkshändermodell erhältlich.

Gegen das linkshändige Musizieren wird oft wie folgt argumentiert: Kinder beginnen in der Regel im Grundschulalter ein Instrument zu spielen und da die Dauer und das Interesse noch unklar seien, sollten sie doch einfach zuerst einmal beginnen und ausprobieren, ob an diesem Instrument dauerhaft Interesse besteht und das Kind eine Begabung zeigt. Ein höchst bedenklicher Vorschlag, wenn man sich bewusst macht, wie schnell sich Automatisierungen durch Übung festlegen, was bei linkshändigen Kindern zur vorsätzlichen Umschulung führt. Walter Mengler, Cellist am Aachener Philharmonieorchester, widerspricht entschieden dieser Aussage und führt an, dass gerade dann linkshändige Kinder weniger Interesse am Musizieren und Spielen eines Instruments entwickeln können, weil sie es von Anfang an als anstrengend empfinden (Mengler, 2010).

Die Blockflöte, ein sehr gebräuchliches „Einsteigerinstrument", gibt es mittlerweile in einer größeren Anzahl als Linkshänder-Modell. Über die Notwendigkeit wird immer wieder diskutiert. Der Unterschied besteht in der Anordnung des unteren Lochs. Daran orientiert sich, ob die rechte Hand oben oder unten angesetzt wird. Für das Spielen mit der dominanten Hand unten ist anzuführen, dass dem Daumen die wesentliche Rolle zukommt, die Flöte beim Spiel auszubalancieren. Er muss den ständig unterschiedlichen Druck der Finger von oben abfangen und ausgleichen, um so die Haltungskontinuität zu sichern. Erst wenn diese stabile Mobilität gewährleistet ist, kann der obere Daumen die Halbtöne sicher greifen. Ist diese Stabilität des unteren Daumens nicht gewährleistet, besteht die Gefahr, dass zur Kompensation der Gegendruck der Lippen und Zähne benutzt wird und das bekannte „Annagen" des Mundstücks sich bei den kleinen Flötenanfängern verstärkt (Sattler, 2007). Von linkshändig spielenden Musikern wird das angenehme „stimmige" Körpergefühl durch die unterschiedliche Handhaltung dabei als wichtigster Punkt angemerkt.

Beim Gitarrespielen sollte die dominante Hand das „Zupfen" und „Schlagen" übernehmen, da dies höhere Anforderung an den künstlerischen Ausdruck stellt, wohingegen das Greifen der Saiten Technik ist. Dies wird vor allem beim geübteren, virtuosen Spiel der „klassischen" Gitarre notwendig. Im Anfangsunterricht kann eine Gitarre durch das Umspannen der Saiten schnell für das linkshändige Spiel umgebaut werden. Einzelne Musiker entwickeln ihren eigenen Umgang damit. Die irische Musikerin Wallis Bird z.B. hat sich das linkshändige Gitarrenspiel selbst beigebracht. Sie spielte eine Rechtshändergitarre „saitenverkehrt", ohne die Saiten umzuspannen. So entwickelte sie ihren einzigartigen Gitarrenstil.

Beim Klavierspielen, so argumentieren viele Musiklehrer, würden beide Hände gleiche Aufgaben haben und deshalb sei eine Notwendigkeit der Umstellung auf linkshändiges Klavierspielen nicht nötig. Die linkshändigen Pianisten Christopher Seed und Geza Loso haben jedoch das Gegenteil bewiesen, indem sie sich ein Linkshänderinstrument (einen gespiegelten Hammerflügel und einen Konzertflügel) haben bauen lassen. Seed berichtet, dass er sich so am Linkshänderklavier Stücke erarbeiten kann, die ihm am Rechtshänderklavier verschlossen waren (Hartmann, 2009).

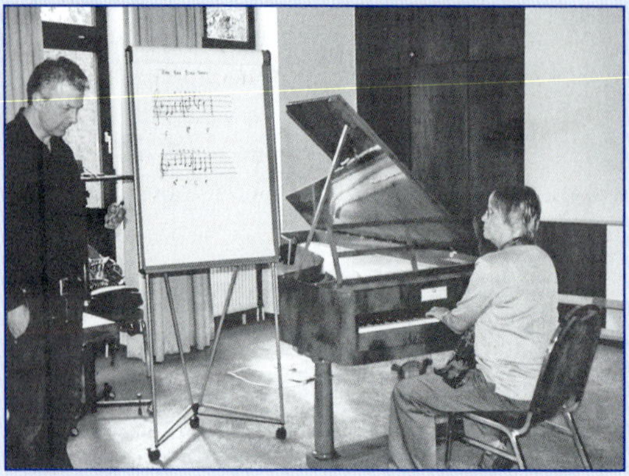

Eva Hartmann am Linkshänder-Hammerflügel, links stehend Christopher Seed, Fachtagung der Linkshänder-BeraterInnen in Bad Soden-Salmünster 19.9.2009

Beim Geigespielen, wie auch bei allen anderen Streichinstrumenten, wird immer wieder die Frage gestellt, was schwieriger sei und deshalb die höhere, anspruchsvollere musikalische Tätigkeit erfordere: das Streichen des Bogens oder das Greifen. Die Bogenbewegung erfordert eine sehr sensible und fein abgestimmte feinmotorische Geschicklichkeit mit einer hohen Anforderung an die differenzierte Kraftdosierung. Deshalb sollte beim Spiel auf Streichinstrumenten die dominante Hand den Bogen führen. Streichinstrumente müssen von einem Fachmann für das Spielen mit links umgebaut und angepasst werden. Inzwischen kann man überregional auch Streichinstrumente für Linkshänder ausleihen. Informationen dazu gibt es im Anhang.

Für Linkshänder, die ein Linkshänderinstrument spielen und in einem Orchester tätig werden möchten, gibt es nicht nur Platzprobleme, die das Musizieren erschweren, sondern leider auch immer noch Akzeptanzprobleme, weil diese Art des Musizierens die einheitliche Optik des Orchesters störe. Wie realistisch diese Überlegungen tatsächlich sind, muss sich noch erweisen.

Linkshändigkeit im Sport

Im Alltag treffen Eltern eines linkshändigen Kindes immer wieder auf Sporttrainer, die die Händigkeit ihrer Schüler ignorieren und davon ausgehen, dass es „normal" sei, mit rechts z.B. Tennis zu spielen. Andere Trainer reagieren auf linkshändige Schüler mit der Anweisung, sie sollen die Bewegungen „einfach umgekehrt machen". Lediglich den Bewegungsablauf des Trainers zu imitieren, ist für den Schüler, der eine andere Händigkeit hat als der Trainer, nicht oder nur sehr schwer möglich. So können dabei z.B. die korrekte Beinarbeit, Schlägerhaltung, Laufrichtung und die spezifischen Bewegungsabläufe nicht richtig umgesetzt werden. Trainer sollten in der Lage sein, sich in den linkshändigen Spieler einzudenken und die Bewegungen entsprechend vorzumachen; ein linkshandgerechter Einzelunterricht kann bei manchen Sportarten eine unterstützende Maßnahme sein.

Schlägersportarten wie Tennis, Hockey und Golf sind klar auf Schnelligkeit und Geschicklichkeit mit sehr komplexen Bewegungsabläufen ausgerichtet. Nur mit der dominanten Hand kann die belastbare Präzision erlangt werden, die für ein schnelles, geschicktes Spiel nötig ist. Der Tennisschläger ist symmetrisch gestaltet. Andere Sportgeräte sind asymmetrisch geformt und können nicht einfach für das rechts- und linkshändige Spiel verwendet werden. Entscheidend für die Führungshand ist dabei, welche Hand den Schläger oben und welche Hand den Schläger darunter greift. Deshalb ist es notwendig, dass der linkshändige Spieler ein entsprechendes Sportgerät zur Verfügung hat. Diese Möglichkeit gibt es beim Eishockey und Golf, nicht jedoch beim Feldhockey.

Bei Sportdisziplinen, bei denen kein spezielles Sportgerät verwendet wird – wie z.B. bei der Leichtathletik – spielt die Händigkeit meist eine geringere Rolle. So z.B. beim Laufen, Sprint oder Marathon. Beim Hochsprung oder Weitsprung sollte auf das individuelle Absprungbein geachtet werden. Beim Staffellauf allerdings ist es wichtig, bei der Übergabe des Staffelholzes die individuelle Händigkeit zu beachten. Beim Bodenturnen sind die individuellen Vorzugsseiten zu beachten. Die Einleitung der Bewegungen, wie beim Radschlagen, ist zu tolerieren. Jeder Trainer sollte auch für Hilfestellungen beim Turnen am Gerät nicht nur die Händigkeit des Turners, sondern auch seine eigene Händigkeit berücksichtigen.

Im Fechtsport ist die gewünschte Gleichberechtigung zwischen Rechts- und Linkshändern bereits Realität. Die asymmetrischen Ausrüstungsgegenstände werden in Linkshänder- und Rechtshänder-Ausstattung ohne Aufpreis angeboten. Heute sind Linkshänder beim Fechten keine Minderheit mehr; Erfahrungswerte gehen in der prozentualen Verteilung sogar von mehr als 50 Prozent aus. Aber auch unter anderen Spitzensportlern ist der Anteil der Linkshänder höher als in der Gesamtbevölkerung; besonders in Zweikampf- und Schlägersportarten.

Bei Mannschaftssportarten wie Handball und Volleyball gibt es bestimmte Positionen, aus denen heraus ein linkshändiger Spieler besonders bevorteilt ist. Dies gilt natürlich auch für Fußball, bei dem linksfüßige Spieler geschätzt werden.

Linkshändigkeit im Beruf und Fragen der Arbeitsplatzgestaltung

In der Berufswelt stoßen Linkshänder immer noch und immer wieder auf Stolpersteine bei der Arbeitsplatzgestaltung, bei Gerätschaften, Maschinen und Materialien, die von der durch Rechtshändigkeit geprägten Gesellschaft oft nicht als Problem wahrgenommen werden. So sind Maschinen und Geräte/Werkzeuge normalerweise auf den rechtshändigen Handgebrauch ausgelegt.

Auch die Arbeitsplatzgestaltung ist auf das rechtshändige Hantieren abgestimmt. Linkshänder müssen sich also häufig an nicht für ihre lateralen Bedürfnisse eingerichtete Arbeitsplätze und deren mögliche Handlungsabläufe anpassen. Dazu gehören z.B. die Anordnung von Ablageflächen, Steckdosen, Schaltern (bes. Notschaltern!) PC-Arbeitsplätzen, PC-Maus und vieles andere mehr.

Lediglich bei Berufen, die keine spezifischen Werkzeuge erfordern oder bei denen ein individueller Einzelarbeitsplatz eingerichtet werden kann, ist es für einen Linkshänder möglich, seinen natürlichen Abläufen entsprechend zu handeln.

In Berufen, bei denen Maschinen und asymmetrisch gestaltete Werkzeuge erforderlich sind, führt dies bei erwachsenen Linkshändern dazu, dass sie sich im Beruf bei bestimmten Tätigkeiten zwangsläufig umschulen müssen, d.h. die nicht dominante rechte Hand für diese Tätigkeiten einsetzen müssen, um in Arbeitsprozesse richtig eingebunden werden zu können. Dies kann dazu führen, dass Linkshänder ihren linkshändigen Handgebrauch negieren und so tun, als hätten sie keine Probleme, anspruchsvolle feinmotorische Tätigkeiten mit der nicht dominanten rechten Hand auszuführen. Je komplizierter und intellektuell anspruchsvoller die Tätigkeiten sind, desto höher ist aber nachgewiesenermaßen, wenn auch nicht immer bewusst, die Anforderung an die Konzentrationsfähigkeit und die Belastbarkeit (siehe Kapitel: „Folgen der Umschulung"). Dass dies einzelnen Betroffenen oft nicht bewusst wird, liegt in der Regel an früh erlernten Automatisierungsprozessen und Überkompensationen.
Manche Linkshänder und umgeschulte Linkshänder sehen darum keine Notwendigkeit, bereits automatisierte Bewegungsabläufe für die rechte, nicht dominante Hand zu verändern, sich rückzuschulen, weil sie ja „prima" mit rechts zurechtkommen. Die zerebralen Abläufe können allerdings grundsätzlich nicht verändert werden. Sie bleiben bestehen und fordern permanent die zuverlässige Kraft, Flexibilität und Reaktionsfähigkeit beim praktischen Tun.

Diese Gesamtproblematik kann Auswirkungen auf die Unfallhäufigkeit und die erhöhte Verletzungsgefahr haben, sie wird von Berufsgenossenschaften und Betrieben noch wenig beachtet und ist kaum erforscht.

Ausblick / Perspektive

Die jahrzehntelange theoretische und praktische Auseinandersetzung mit dem Thema „Linkshändigkeit" im deutschsprachigen Raum hat dazu geführt, dass mit der Händigkeit nicht nur bei Kindern im Kindergarten- und Schulalter bewusster und verantwortungsvoller umgegangen wird. Auch in der Berufswelt ist Linkshändigkeit ein Thema, das bei der Arbeitsplatzgestaltung, den Arbeitsmaterialien sowie den Handlungsabläufen im Arbeitsalltag inzwischen eine Rolle spielt. Das ist aber noch lange nicht in den Köpfen vieler Verantwortlicher angekommen.

In zahlreichen Veröffentlichungen, die mittlerweile zu diesem Thema auf dem Markt erschienen sind, werden Linkshänder so dargestellt, wie sie im Alltag anzutreffen sind – nicht wie Exoten oder therapiebedürftige Wesen, „irgendwie anders", sondern ebenso normal wie auch Rechtshänder, jeder mit individuellen Stärken und Schwächen. Karikaturen über Linkshänder werden als abwertend und bloßstellend empfunden und sind aus dem deutschen Handel fast ganz verschwunden. Dennoch ist der Weg zur Chancengleichheit von Rechts- und Linkshändern immer noch weit. In den Ausbildungsrichtlinien, z.B. für Erzieher, Pädagogen und Therapeuten, findet man das Thema Linkshändigkeit kaum, was sich bei den genannten Berufsgruppen im beruflichen Alltag später oft als Problem herausstellt, denn sie wurden nicht ausreichend vorbereitet auf Fragen, die mit der Händigkeit zu tun haben, wie z.B. notwendige Gebrauchsgegenstände für Linkshänder oder Unterschiede bei der Arbeitsplatzanordnung. Auch für viele Ärzte und Psychologen ist Linkshändigkeit ein weitgehend unbekanntes Gebiet. Von der Umschulung der Händigkeit mit allen ihren physischen und psychischen Folgen weiß kaum jemand etwas. Aufklärung, Kompetenz im Umgang mit linkshändigen Menschen zur Prävention vor Umschulung der Händigkeit und das selbstverständliche Angebot von linkshandgerechten Gegenständen und Materialien sind an vielen Orten immer noch Zukunftshoffnungen.

Ein verständnisvoller, respektvoller Umgang mit Linkshändern sollte ebenso selbstverständlich sein wie der mit Rechtshändern. Auch Vorurteile sollten weiter abgebaut werden, damit der Umgang zwischen Rechts- und Linkshändern durch ein „normales" Miteinander und von Rücksicht, Offenheit und Achtung geprägt wird.

Anhang

Hilfreiche Adressen und Links

- Erste deutsche Beratungs- und Informationsstelle für Linkshänder und umgeschulte Linkshänder e.V.
  Sendlinger Str. 17
  80331 München
  Tel. 089 / 268614
  E-Mail: info@lefthander-consulting.org
  www.lefthander-consulting.org

Netzwerk der Linkshänder-Beraterinnen und Linkshand-Berater:
- www.lefthander-consulting.org/linkshaender-berater

Kindergruppen zur Schreibvorbereitung mit links:
- www.lefthander-consulting.org/deutsch/KindergruppeLHBerater.htm

Läden und Versand für Linkshänder-Gebrauchsgegenstände:
- www.lefthander-consulting.org/deutsch/laeden.htm

Musikinstrumente für Linkshänder:
- www.lefthander-consulting.org/deutsch/Musik_und_Linkshaendigkeit.htm

Es wird immer wieder auf die Seite der Beratungsstelle in München hingewiesen, weil diese ein Gemeinschaftswerk der Linkshänder-BeraterInnen ist und regelmäßig aktualisiert wird.

Literaturhinweise/Quellen

Workshop Protokolle bei der Fachtagung der Linkshänder-Beraterinnen und -Berater am 17./18.09.2010 zum Thema Sport und Linkshändigkeit. In: S-MH Jahresbrief-Broschüre 2010, der Ersten deutschen Beratungs- und Informationsstelle für Linkshänder und umgeschulte Linkshänder, München, S. 14-22

Annett, M.: Handedness and Brain Asymmetry. The Right Shift Theory. Psychology Press, Hove, East Sussex, 2002

Clark, M.: Left-Handedness: Laterality Characteristics and their Educational Implications. London, 1957

Galley, N.: Speed-Tapping, MediTECH Electronic GmbH. Wedemark, 2006

Hartmann, E.: Bericht über das Seminar und die Musikdarbietung von Christopher Seed bei der Fachtagung der Linkshänder-Beraterinnen und -Berater am 18.09.2009 in Bad Soden-Salmünster. In: S-MH Jahresbrief-Broschüre 2009, der Ersten deutschen Beratungs- und Informationsstelle für Linkshänder und umgeschulte Linkshänder, München, S. 4-11

Heger, U.: Überlegungen zum HAPT 4-6 Handpräferenztest für 4–6-jährige Kinder. In: S-MH® Jahresbrief-Broschüre 2012, der Ersten deutschen Beratungs-und Informationsstelle für Linkshänder und umgeschulte Linkshänder, München, S. 38-41

Klöppel, S., A. Vongerichten, T. van Eimeren, R. Frackowiak, H. Siebner: Can Left-Handedness be Switched? Insights from an Early Switch of Handwriting. In: The Journal of Neuroscience, July 18, 2007. 27(29): 7847-7853

Linden, S.: Stricken basics. Mit Kurs für Linkshänder! Mit DVD. Frechverlag, Stuttgart, 2008

McManus, C.: Right Hand, left Hand. The Origins of Asymmetra in Brains, Bodies, Atoms and Cultures. Weidenfeld & Nicolson, London, 2002

Mengler, W.: Musizieren mit links. Linkshändiges Instrumentenspiel in Theorie und Praxis. Schott Music Verlag, München, 2010

Meyer, R.: Linkshändig? www.humboldt.de, 1991, 9. Auflage 2008

Oldfield, R.C.: The Assessment and Analysis of Handedness: The Edinburgh Inventory. In: Neuropsychologia, 9, 1971, 97-114

Olsson, B., A. Rett: Linkshändigkeit. Verlag Hans Huber, Bern, Stuttgart, 1989

Staatsinstitut für Schulpädagogik und Bildungsforschung (Hrsg.): Das linkshändige Kind in der Grundschule. Erarbeitet im Auftrag des Bayerischen Kultusministeriums für Unterricht, Kultus, Wissenschaft und Kunst. Vertrieb Auer Verlag, Donauwörth, 1993, 16. Auflage 2010

Sattler, J. B.: Das linkshändige Kind – seine Begabungen und seine Schwierigkeiten. Eine Hilfe für Lehrerinnen und Lehrer zur Information beim Elternabend. Auer Verlag, Donauwörth, 2003, 5. Auflage 2015

Sattler, J. B.: Der umgeschulte Linkshänder oder Der Knoten im Gehirn. Auer Verlag, Donauwörth, 1995, 12. Auflage 2013

Sattler, J. B.: Die Psyche des linkshändigen Kindes. Von der Seele, die mit Tieren spricht. Auer Verlag, Donauwörth, 1998, 7. Auflage 2016

Sattler, J. B.: Diagnostische Fragen zur Bestimmung der Händigkeit beim Kinderarzt. In: Zeitschrift des Berufsverbandes der Ärzte für Kinderheilkunde und Jugendmedizin Deutschlands e.V., 31. Jg., Februar 2001, S. 139-147

Sattler, J. B.: Links und Rechts in der Wahrnehmung des Menschen. Zur Geschichte der Linkshändigkeit. Auer Verlag, Donauwörth, 2000

Sattler, J. B.: Linkshändige Kinder im Krippen- und Kindergartenalter. Auer Verlag, Donauwörth, 2007, 3. Auflage 2016

Sattler, J. B.: Schreibunterlagen-Block für Linkshänder (Block mit 20 DIN A2-Blättern, geleimt an der Unterkante). Auer Verlag, Donauwörth, 1996, 11. Auflage 2013

Sattler, J. B.: Schreibvorübungen für Linkshänder mit Jobasa. Teil 1, Auer Verlag, Augsburg 2012, 3. Auflage 2016

Sattler, J. B.: Schreibvorübungen für Linkshänder mit Jobasa. Teil 2, Auer Verlag, Augsburg, 2012, 2. Auflage 2015

Sattler, J. B.: Übungen für Linkshänder. Schreiben und Hantieren mit links. Auer Verlag, Donauwörth, 1996 a, 12. Auflage 2015

Sattler, J. B.: Übungsheft für Linkshänder. Auer Verlag, Donauwörth, 1996 b, 13. Auflage 2016

Sattler, J. B.: Zahlen schreiben für Linkshänder mit Jobasa. Zahlen und Ziffern von 0 bis 10. Auer Verlag, Augsburg, 2016

Sattler, J. B.: Schreibtisch-Auflage für Linkshänder. (Aus rutschfestem Kunststoff in den Farben rot, blau, grün und pink). Auer Verlag, Donauwörth. Zu beziehen über den Buchhandel

Sattler, J. B.: DESK PAD LEFTY®, Schreibtisch-Auflage für Linkshänder. KUM GmbH, Erlangen, Auer Verlag, Donauwörth, 2011

Sattler, J. B.: DESK PAD RIGHTY® , Schreibtisch-Auflage für Rechtshänder. KUM GmbH, Erlangen, 2011

Sattler, J. B., C. Marquardt: Rückschulung bei erwachsenen umgeschulten Linkshändern. Begleitung der Rückschulung und wissenschaftliche Untersuchung der motorischen Schreibbewegungen, dokumentiert am Fallbericht einer Rückschülerin. In: Motorik, Zeitschrift für Motopädagogik und Mototherapie, Heft 3, September 2006, S. 121-127

Sattler, J. B., C. Marquardt: Motorische Schreibleistung von linkshändigen und rechtshändigen Kindern in der 1. bis 4. Grundschulklasse. In: Ergotherapie und Rehabilitation, 2010, Hrsg. DVE, 49. Jg., 2010, Nr. 1, S. 26-32 und Nr. 2, S. 24-28

Schilling, F., PTK – LDT Manual. Punktiertest und Leistungs-Dominanztest für Kinder (5-12 Jahre). Verlag modernes lernen, Dortmund, 2009

Schmidt, R.: Neuro- und Sinnesphysiologie. Springer Verlag, Berlin, 1993, 3. Auflage 1998

Schorch, G.: Entwicklung des Handschreibens. In: Bredel, U. u.a. (Hrsg.): Didaktik der deutschen Sprache, 2 Bde. Verlag Ferdinand Schöningh, Paderborn, 2003, S. 286-296

Siebner, H. R. u.a.: Long-Term Consequences of Switching Handedness: A Positron Emission Tomography study on Handwriting in "Converted" Left-Handers. In: The Journal of Neuroscience, April, 2002, 22(7): 2816-2825

Sovak, M.: Pädagogische Probleme der Lateralität. Bd. 16 der Schriftenreihe des Instituts für Sonderschulwesen an der Päd. Fakultät der Humboldt-Universität Berlin, VEB Verlag Volk und Gesundheit, Berlin, 1968

Springer, S. P., G. Deutsch: Linkes Gehirn/Rechtes Gehirn. Funktionelle Asymmetrien. Spektrum der Wissenschaft Verlag, Heidelberg, 1987, 3. Auflage 1995

Steingrüber, H.-J., G. Lienert: Hand-Dominanz-Test, HDT. Verlag für Psychologie Dr. C.J. Hogrefe, 3. Auflage 2011

Vasterling, A: Thomas und der Dinopark. Eine Geschichte für Eltern von linkshändigen Kindern. Verlagshaus Schlosser, 2015

Weber, S.: Linkshändige Kinder richtig fördern. Mit vielen praktischen Tipps. Ernst Reinhardt Verlag, München, 2003

Weiland, G.: HAPT 4-6 Handpräferenztest für 4–6-jährige Kinder. Rezension. In: S-MH® Jahresbrief-Broschüre 2012, der Ersten deutschen Beratungs-und Informationsstelle für Linkshänder und umgeschulte Linkshänder, München, S. 28-37